Grafismo y comunicación

Signos y símbolos

Electa

Título original:
Signs and symbols

© 2008, RotoVision SA
© 2008, Random House Mondadori, S.A.
Travessera de Gràcia, 47-49.
08021 Barcelona
© 2008, Torreclavero, por la traducción

Traducción y realización de la edición española:
Carlos Herrero Quirós/Torreclavero

ISBN: 978-84-8156-459-4

Idea original del libro: Keith Stephenson, Luke Herriott
Dirección de arte: Tony Seddon
Diseño e ilustraciones: Keith and Spike
  (Absolute Zero Degrees)
Fotografía especial: Leo Reynolds
Ilustraciones adicionales: Keith Stephenson

Reproducción de color en Singapur por Provision PTE.
Impreso en Singapur por Star Standard Industries PTE.

GE64594

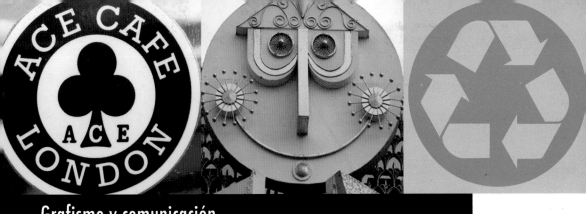

Grafismo y comunicación

Signos y símbolos

Mark Hampshire y Keith Stephenson

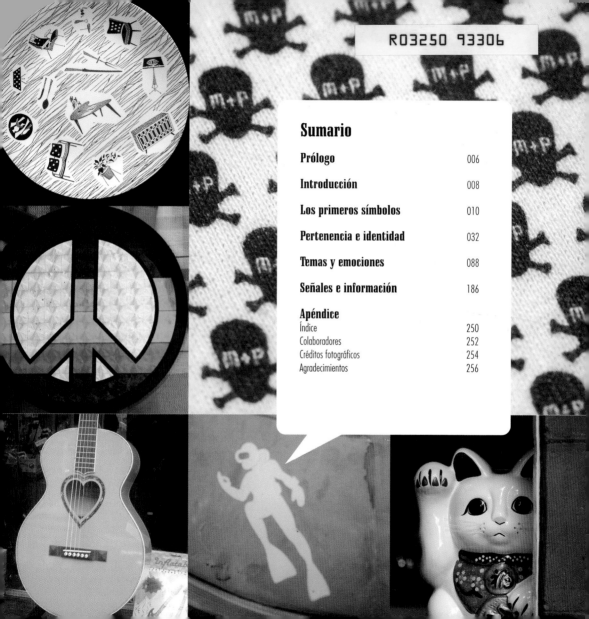

Sumario

Prólogo

¿Cuál es el primer signo o símbolo que guardan ustedes en su recuerdo? En mi caso, son los galones de capitán que obtuvo mi padre durante la Segunda Guerra Mundial; o quizá la figura de un Pegaso, un gran caballo alado de color rojo en el lateral de aquel camión cisterna que transportaba el gasóleo a casa de mi abuela para la calefacción durante los meses del invierno. La verdad es que me encantaba contemplar ambas cosas.

Esta misma pregunta se la hice en cierta ocasión a un joven profesional del diseño, y me respondió que su primer recuerdo era la señal que indica los lavabos. Quizá no sea una evocación muy romántica, pero sin duda nos está diciendo que los servicios públicos se han sumado al ejército y a la actividad comercial como principales usuarios de signos y símbolos.

Tengo otra reflexión sobre mis primeros recuerdos: determinadas experiencias tempranas poseen un contenido mayor que el de los grafismos elaborados. Una sonrisa, una mano tendida, un dedo que nos recrimina algo, los gestos de mi perro: son las cosas que cuentan de verdad. Seguramente fueron este tipo de observaciones las que impulsaron al género humano a encontrar fórmulas gráficas capaces de representar diferentes temáticas.

Los contenidos hacen posible la comunicación, y las formas determinan el éxito o fracaso de esta última. Nuestros antepasados lejanos nos han dejado imágenes talladas en las rocas o pintadas en el interior de las cuevas. Así consiguieron plasmar de un modo visual el mundo que los rodeaba y los gestos humanos que tenían significado para ellos. La tecnología ha facilitado esta labor, pero seguimos aprendiendo a diseñar y utilizar los signos y los símbolos.

001 *Logotipo del Día de la Tierra (Nueva York) diseñado por Lance Wyman Ltd.*

Introducción

No hace mucho podía verse en el Reino Unido una señal de tráfico escrita en dos idiomas. En inglés decía: «Peatones, atención a la derecha»; y en galés, debajo, la supuesta traducción: «Peatones, atención a la izquierda». Se trataba de un error lingüístico del que se derivaban órdenes contradictorias. No ha de extrañarnos que la señalización pública busque, en la medida de lo posible, comunicar sin palabras, y en cambio use iconos y pictogramas, que por lo general ofrecen informaciones más claras.

Los signos y los símbolos proliferan en el mundo moderno hasta tal punto que resulta fácil ignorarlos. Los encontramos en señales indicadoras y envases de alimentos, en el timón de cola de los aviones y en las etiquetas de las prendas, y también en los artilugios tecnológicos de uso personal. Elementos cruciales del diseño gráfico, signos y símbolos hacen posible que una idea, un mensaje o un tema queden resumidos de forma sucinta y al tiempo atractiva. Pero aunque resulta fácil ver en ellos elementos que traspasan las barreras lingüísticas, aumentan nuestra mutua comprensión y en último término simplifican nuestras vidas, esta percepción no deja de ser utópica. Y es que su función demanda que todos los interpretemos conforme al mismo sistema de reglas, algo inexistente en la realidad: la semiótica revela que el desarrollo de los signos y los símbolos depende de variables históricas, sociales y culturales.

En su diccionario de símbolos, Jack Tressider afirma lo siguiente: «Los símbolos poseen distintos significados dependiendo de su contexto. Por ejemplo, en Occidente el dragón se convirtió en un símbolo del mal y el caos, mientras que en Oriente representa el poder fecundador del trueno y la lluvia». Las culturas adoptan signos y símbolos con el fin de representar los grandes temas de la vida: la ciencia y la religión, el bien y el mal, la vida y la muerte, el amor y la suerte. A todos ellos se asocian determinados símbolos. El contexto resulta fundamental para comprender por qué éstos han sido objeto de apropiación y cómo se han ido revistiendo de un significado concreto.

002 Colección de carteles del diseñador Michael Braley, de Braley Design, que anuncian diversas conferencias organizadas por el Instituto Americano de Artistas Gráficos (AIGA). En la parte superior izquierda, «The Design Process», donde aparece un conejo que sale de una chistera; en la parte superior derecha y en la inferior izquierda, «Good Client, Bad Client». Abajo, a la derecha, anuncio promocional del taller de diseño de cartelería de Michael Braley en la Universidad Estatal de Wichita.

La noción del simbolismo introduce un matiz de significado que trasciende la pura comunicación racional de información. Signos y símbolos están abiertos a la interpretación, y esto ofusca en ocasiones su entendimiento, pero también despierta nuestra curiosidad y los convierte en centro de abundantes conjeturas y especulaciones, como demuestra, por ejemplo, la superabundancia de páginas de Internet dedicadas a los signos místicos y sus supuestos significados. Lo que para unos es un signo resulta un enigma para otros: la escritura jeroglífica egipcia permaneció casi catorce siglos sin traducirse hasta que las claves de su codificación se desvelaron gracias al descubrimiento de la estela de Rosetta.

Nuestro objetivo es entender las funciones comunicativas generales de los signos y los símbolos, considerando cómo reflejan éstos los valores, deseos, esperanzas y temores de la sociedad. Tomen nota, pues, los adictos a los pictogramas: aunque aquí aparecen muchos ejemplos de signos y señales que informan y orientan, no encontraran aquí una sucesión de páginas repletas de iconos. Más bien hemos pretendido tomar aspectos del simbolismo popular, el mito y la leyenda; presentar cuestiones de diseño aplicadas al mundo de la comunicación por su interés intrínseco, pero también la forma en que la propia comunicación inspira la orientación del diseño; extrapolar signos y símbolos del entorno y explorar los grafismos que exhiben una apariencia icónica. Amplio es el horizonte de nuestros intereses, porque queremos reflejar la naturaleza cambiante de signos y símbolos, que evolucionan para satisfacer las demandas de conductas, creencias y métodos de comunicación, también en transformación.

Este libro identifica, en cuatro secciones, algunos símbolos dominantes del pasado y el presente. Comenzamos con una aproximación a los más primitivos, que encarnan los tempranos intentos del ser humano de comunicarse, conmemorar acontecimientos y comprender el universo. Después buceamos en los símbolos de la identidad y la pertenencia (creencias religiosas, afiliaciones políticas e identidad cultural y personal). En el capítulo siguiente presentamos la amplia gama de temas y emociones que se pueden transmitir por medio de signos y símbolos. Por último, exploramos signos y símbolos funcionales que comunican informaciones, incluyendo la notación musical, los iconos de la señalética, la lengua de signos y el ámbito de la salud y la seguridad. El resultado es una visión global de su utilización actual en las diversas disciplinas creativas, entre las que se incluyen el arte, la arquitectura, el diseño para la comunicación y el moderno diseño gráfico y textil.

The Design Process
Michael Braley
Iowa State University
College of Design
Kocimski Auditorium
October 21, 2004

Michael Braley | May 20, 2006 | AIGA Kansas City

Good Client Bad Client

Good Client / Bad Client / Michael Braley / February 23, 2006 / USC McMaster Building / Columbia, South Carolina

Michael Braley
Poster Design Workshop
Wichita State University
November 11-12, 2005

Los primeros símbolos

Los primeros símbolos

Petroglifos y pinturas rupestres
Jeroglíficos
La estela de Rosetta
La astronomía y la astrología
La alquimia

Los primeros símbolos

Una somera visión de los primeros símbolos pone de relieve su importancia para el progreso humano, ya que se encuentran vinculados intrínsecamente a nuestra capacidad para comunicarnos. Existen diferentes teorías: los petroglifos más antiguos surgieron quizá como parte de ceremonias religiosas, o tal vez constituyeron la base de los primeros mapas. Representan los comienzos de la comunicación pictórica, que los antiguos egipcios refinarían hasta convertir en la escritura jeroglífica. Tuvimos que esperar al descubrimiento de la estela de Rosetta a finales del siglo XVIII para que fuera posible descodificar estos antiguos textos de carácter religioso.

Muchos de los signos y señales utilizados hoy en día se han desarrollado a partir de aquellos primeros símbolos: la astrología y la astronomía comparten símbolos para referirse a los planetas, cuyos nombres originarios vienen de los antiguos griegos, mientras que la química moderna dispone sus elementos en un formato que ha evolucionado desde su oscura predecesora, la alquimia.

003 *Petroglifos en Newspaper Rock, cerca de Indian Creek (estado de Utah, en los Estados Unidos).*
004 *Signos del Zodíaco.*
005 *Vistosos jeroglíficos egipcios.*
006 *Grabado maorí en Taupo (Nueva Zelanda). Los grabados se han convertido en un importante atractivo cultural de la región, además de constituir un ejemplo de los saberes y destrezas tradicionales del pueblo maorí.*
007 *Símbolo alquímico del aire.*
008 *Tela con la representación del Zodíaco.*
009 *El gallo es uno de los doce signos del Zodíaco chino: aquí aparece representado mediante la técnica del papel recortado, tradicional en aquel país.*

Petroglifos y pinturas rupestres

Los petroglifos —grabados hechos en las rocas— y las pinturas rupestres constituyen los ejemplos más antiguos de la práctica humana de comunicar a través de signos y símbolos, cuyas primeras muestras se remontan al Paleolítico Superior. Intensas imágenes de una existencia enigmática y primitiva, han ejercido una gran fascinación sobre las culturas modernas.

No sabemos exactamente si constituyeron una forma de comunicación simbólica, si eran utilizados a modo de mapas e indicaciones astronómicas o si desempeñaban algún papel en las ceremonias religiosas o mágicas. Lo cierto es que uno de los aspectos más misteriosos de estos grabados es el parecido que guardan entre sí, independientemente de su ubicación geográfica. La interpretación de estas imágenes proporciona a los historiadores una gran riqueza de datos sobre la vida del hombre prehistórico, lo que explica que un hallazgo como la piedra de Vitlycke en las proximidades de Tanumshede (oeste de Suecia) haya sido incorporado por la Unesco a su listado del Patrimonio Mundial. Algunos glifos de Tanumshede representan carros y escenas de caza, junto con imágenes alusivas a las faenas agrícolas, como arados y bueyes. Otras escenas reproducen largas embarcaciones que transportan a unos doce pasajeros, →

010 y 013 *Petroglifos nórdicos de la Edad del Bronce en la piedra de Vitlycke, situada cerca de Tanumshede (Suecia). Aunque son Patrimonio Mundial de la Unesco, los petroglifos se han pintado de color rojo para hacerlos más visibles.*
011 *Petroglifos mongoles fotografiados por Jannie Armstrong.*
012 *Grabado maorí en la roca (Taupo, Nueva Zelanda).*

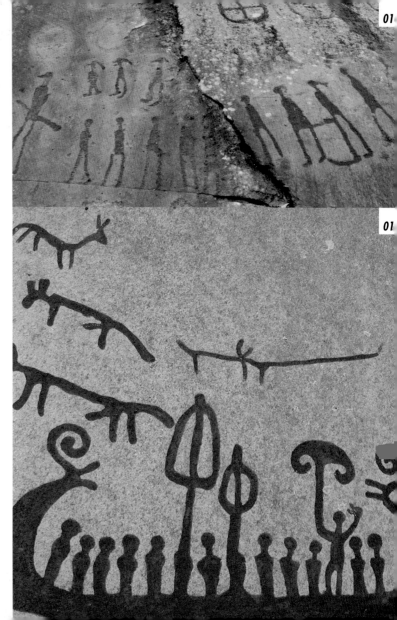

01

01

011

012

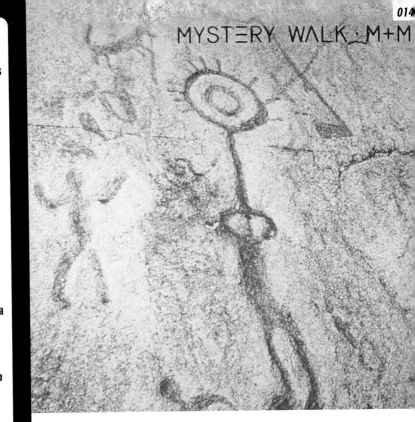

MYST≡RY WALK·M+M

«Cuando se decidió que el quinto álbum de Martha and the Muffins se llamaría *Mystery Walk*, pensé inmediatamente en los petroglifos de Peterborough (Ontario), que yo había visto por primera vez a finales de la década de los setenta: decenas de figuras y símbolos extraños que parecen provenir de otro mundo y que recubren un gran afloramiento de caliza blanca. Éramos sólo tres personas en medio de aquel bosque rodeado de nieve, lo que aumentaba aún más la atmósfera de misterio y aislamiento.

Tras obtener la autorización del Departamento de Recursos Naturales de Ontario, regresé y tomé las fotografías para la carátula del disco. Diseñé aquella portada con el propósito de que quien la mirara sintiese que las figuras flotaban ajenas a la ley de la gravedad, como si se hubieran desprendido del tiempo y el espacio.

Intuyo que acaso los artistas autores de estas imágenes increíbles hace ya tantos siglos quisieran comunicar también esa misma sensación.»

Mark Gane,
Martha and the Muffins

→ lo que indica que los pueblos escandinavos de la Edad del Bronce y el Hierro ya sabían navegar.

Dibujadas con ocre rojo y amarillo, hematites, óxido de manganeso y carbón vegetal, las primeras pinturas rupestres europeas, como las de Altamira en el norte de España o las francesas de Lascaux, tienen 32.000 años de antigüedad (hay otros ejemplos en México, Australia y África). Teniendo en cuenta que estas obras suelen encontrarse en la profundidad de cuevas seguramente no habitadas, resulta poco probable su propósito decorativo. Normalmente representan animales como bisontes, ciervos o

caballos, y la mayor parte de las teorías las atribuye a ceremonias rituales cuyo propósito era ayudar a los hombres a cazar esas presas, o bien a ritos de tipo chamánico o religioso.

014 *Carátula del disco* Mystery Walk, *de la banda canadiense de estilo post-punk Martha and the Muffins, diseñada por Mark Gane. El diseño yuxtapone petroglifos antiguos y caracteres tipográficos en una letra de palo seco con un cierto aire rúnico.*
015 *Petroglifos en Newspaper Rock, cerca de Indian Creek (estado de Utah, en los Estados Unidos). Seguramente fueron tallados por gentes de las culturas arcaica, cesteros, fremont o pueblo.*
016-017 *¿Inspirada en las pinturas rupestres? Una muestra de arte popular en el barrio de Notting Hill (Londres).*

015

016

017

Jeroglíficos

Hace más de 6.000 años, los antiguos egipcios inventaron sistemas de escritura para registrar y transmitir informaciones relativas a asuntos políticos y religiosos. Se sabe que al menos se usaban tres sistemas según el propósito buscado, de los cuales el más conocido hoy es la escritura jeroglífica. A pesar de ello, hasta comienzos del siglo XIX estos símbolos seguían siendo completamente indescifrables.

Los primeros jeroglíficos (el término significa «grabados sagrados») fueron hechos en edificios, para después escribirse sobre rollos de papiro. Como todos los signos y símbolos, los jeroglíficos se dividen en distintas categorías según su propósito y modo de utilización. Los más antiguos eran sencillas imágenes que representaban palabras, las cuales, a su vez, designaban objetos ordinarios. Otros se usaban con sentido simbólico: tres líneas onduladas significaban agua; un ojo se refería a la vista, etcétera. También había símbolos alfabéticos que representaban sonidos o sílabas y transmitían información fonética. En el siglo IX a. C. los jeroglíficos pasaron a ser una especie de escritura donde las imágenes se usaban a modo de letras para representar sonidos, mientras que otros jeroglíficos servían para ayudar al lector a comprender el significado. Habiéndose limitado su uso a los dirigentes religiosos egipcios, la escritura jeroglífica se quedó obsoleta desde finales del siglo IV, y los conocimientos requeridos para su producción y lectura desaparecieron hasta que el descubrimiento de la estela de Rosetta proporcionó las claves para interpretar aquel lenguaje.

018 *Jeroglíficos inscritos en la terraza del gran templo de Ramsés II en Abu Simbel (Egipto).*
019 *Detalle de un muro con grabados jeroglíficos.*
020 *Jeroglíficos pintados en tonos terrosos.*

018

02

La estela de Rosetta

Las tropas de Napoleón desenterraron esta losa de granodiorita llena de inscripciones en el año 1799. La encontraron en Rosetta, en el delta del Nilo, durante la batalla entre los franceses y los mamelucos. Tras la derrota de Napoleón, la piedra pasó a manos inglesas y quedó expuesta en el British Museum, originando otra batalla bien distinta: dos académicos, uno británico y el otro francés, en enfrentaron por ser cada uno el primero en descifrar la escritura grabada sobre ella.

El texto contiene un decreto del rey Ptolomeo V aprobado por un consejo de sacerdotes en Menfis en el año 195 a. C., en el cual se describe la revocación de varios tributos y se establecen algunas disposiciones para levantar estatuas en los templos. El mismo pasaje aparece escrito en tres lenguajes diferentes: jeroglífico (usado sobre todo en documentos religiosos), demótico (la escritura autóctona de uso cotidiano) y griego (la que utilizaba la Administración, a la sazón en manos griegas). El físico inglés Thomas Young fue el primero en demostrar que algunos de los caracteres jeroglíficos consignaban los sonidos de un nombre regio, pero fue un estudioso francés, Jean-François Champollion, quien finalmente descifró las inscripciones en 1822.

Champollion desentrañó el uso en griego de los siete signos demóticos, y a su vez rastreó el origen de estos en los jeroglíficos. Estableció asimismo las hipótesis fundamentadas sobre el significado de los demás caracteres, dando así una clave para descifrar el significado de la misteriosa escritura. La estela de Rosetta acrecentó enormemente nuestro conocimiento del antiguo Egipto y en la actualidad sigue siendo un ejemplo de los primeros sistemas de descodificación, a la vez que emblema del multilingüismo.

021 La estela de Rosetta.

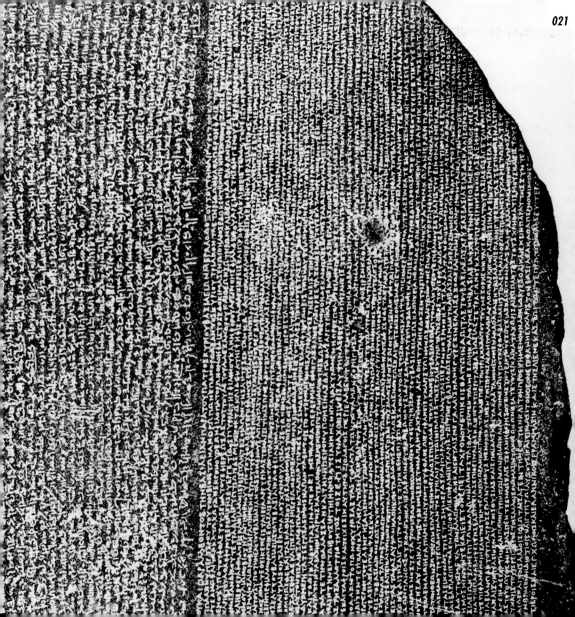

La astronomía y la astrología

Los expertos en astronomía, la ciencia que se ocupa de los cuerpos celestes, siempre han querido distanciarse de la práctica menos empírica de la astrología, que estudia cómo esos cuerpos celestes influyen sobre la existencia humana. Sin embargo, hasta que la invención del telescopio en el siglo XVI proporcionó la llave para un auténtico entendimiento del universo, ambas disciplinas se hallaban completamente unidas. Los antiguos babilonios, griegos y romanos ponían a los planetas los nombres de sus divinidades, y en la actualidad, los mismos signos que denotan los planetas sirven tanto en la astronomía como en la astrología, lo que subraya la manera en que la ciencia experimental ha crecido a partir de sus comienzos más místicos: el planeta Marte, por ejemplo, se representa por medio de la lanza y el escudo del dios de la guerra; y el símbolo de Neptuno es el tridente del dios del mar. Para los planetas descubiertos recientemente se utilizan símbolos más lógicos: Plutón, que se descubrió en 1930, se representa por una P y una L, que son letras de su nombre y también las iniciales de Percival Lowell, quien vaticinó su descubrimiento.

La astronomía moderna divide el cielo en 88 constelaciones o grupos de estrellas visibles dentro de una región particular del cielo nocturno. De este modo, afirmar que un planeta se encuentra en la constelación de Acuario nos ayuda a localizar dicho planeta en la esfera celeste. Por otro lado, la astronomía debe muchos de estos nombres a las antiguas civilizaciones que identificaron por primera vez formas y pautas en las agrupaciones de estrellas para facilitar su localización entre los miles de astros del cielo.

Las constelaciones reciben sus nombres de animales, dioses y criaturas míticas: Leo quiere →

Sol	Mercurio	Venus	Tierra	Luna

Marte	Júpiter	Saturno	Urano	Neptuno	Plutón

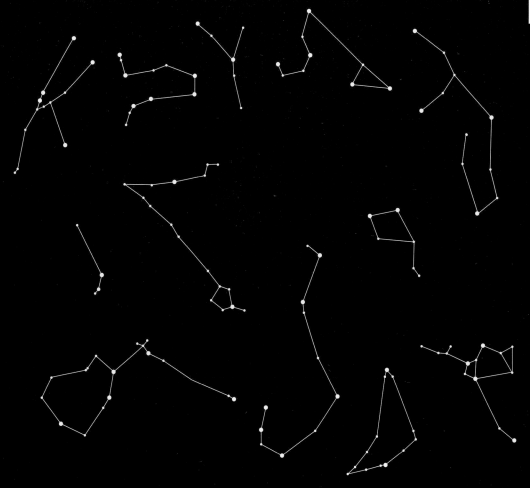

022 Constelaciones que ilustran una cristalería de diseño de la marca Rimmington Vian.
023 Símbolos desarrollados para la representación de los planetas.
024 Constelaciones simplificadas del Zodíaco: en la parte superior, de izquierda a derecha, Tauro, Géminis, Cáncer, Leo y Virgo; en la parte central, de izquierda a derecha, Aries y Piscis; en la parte central, a la derecha, Libra; y en la parte inferior, de izquierda a derecha, Acuario, Escorpio, Capricornio y Sagitario.

→ decir «león» en latín, mientras que Andrómeda fue una heroína de la mitología griega. Entre los siglos XV y XVIII, los navegantes europeos bautizaron las constelaciones del hemisferio sur con nombres de instrumentos científicos y especies animales que se habían descubierto recientemente, reflejando así un mundo más ilustrado: Telescopium, en honor al telescopio, o Tucana, por el pájaro llamado tucán.

El Zodíaco es una banda imaginaria de dieciocho grados de anchura y centrada en la trayectoria del Sol. Sus doce constelaciones, bien conocidas por los aficionados a los signos astrológicos en Occidente, están divididas en cuatro elementos —fuego, tierra, aire y agua— que se cree representan doce tipos básicos de personalidad. La astrología china, por su parte, se basa en la interacción de dos ciclos independientes, los cinco elementos de la madera, el fuego, la tierra, el metal y el agua, más doce signos de animales del Zodíaco: la rata, el buey, el tigre, el conejo, el dragón, la serpiente, el caballo, la oveja, el mono, el gallo, el perro y el jabalí. De la conjunción de los cinco elementos y los doce animales surge el ciclo de los sesenta años, que siempre comienza con la pareja madera-rata y termina con la combinación agua-jabalí.

025 Los doce signos del Zodíaco proyectados sobre sus meses correspondientes.
026 Reloj zodiacal en el que los símbolos son sustituidos por representaciones pictóricas.
027 Panel que representa los signos del Zodíaco.
028 Los signos del Zodíaco se suelen representar pictóricamente, como sucede con estos íconos.
029 Imágenes del Jardín Zodiacal de la artista Tchenka Jane Sunderland. Este jardín rodea el laberinto de su propiedad, situado en Wensun Park (condado de Norfolk, Reino Unido).
030 Símbolos simplificados para la representación de las doce constelaciones.

ARIES 21·III · 20·IV ❀ RED ♈ ... INITIATING & PIONEERING

TAURUS 21·IV · 21·V ❀ PINK ♉ GROWTH & FERTILITY

GEMINI 22·V · 21·VI ❀ YELLOW ♊ TRAVEL & COMMUNICATION

CANCER 22·VI · 23·VII ❀ WHITE ♋ NURTURING & ENABLING

LEO 24·VII · 23·VIII ❀ ORANGE ♌ RULERSHIP & SELF EXPRESSION

VIRGO 24·VIII · 23·IX ❀ YELLOW ♍ HEALTH & EFFICIENCY

LIBRA 24·IX · 23·X ❀ PINK ♎ PARTNERSHIP & BALANCE

SCORPIO 24·X · 22·XI ❀ DARK RED ♏ DEATH & REBIRTH

SAGITTARIUS 23·XI · 21·XII ❀ PURPLE ♐ ADVENTURE & BELIEF

CAPRICORN 22·XII · 20·I ❀ DARK BLUE ♑ AMBITION & RESPONSIBILITY

AQUARIUS 21·I · 19·II ❀ ELECTRIC BLUE ♒ GROUP CONSCIOUSNESS

PISCES 20·II · 20·III ❀ PURPLE ♓ COMPASSION & IMAGINATION

03

031 Símbolos del horóscopo chino recortados en papel: el gallo, el cerdo y el conejo.

032 Folleto anunciador de una fiesta por el Año Nuevo chino en el año del Cerdo (diseño del artista neoyorkino Nicholas Felton).

033 Figuras estilizadas del horóscopo chino. De izquierda a derecha: la rata, el buey, el conejo, el dragón, la serpiente, el caballo, la oveja, el mono, el gallo, el perro y el cerdo.

Los primeros símbolos

ANGELA'S CHINESE NEW YEAR CELEBRATION

FELTRON

CASEROCK

202 MOTT ST

SHEBEEN

FRI
FEB
16

BETWEEN SPRING & KENMARE

La alquimia

Los alquimistas, precursores de los químicos modernos, experimentaron con la transformación de las materias, y muy especialmente, se propusieron la conversión del plomo en oro. De esta manera, la alquimia, originada en Oriente hacia el siglo V a. C., se extendió a Occidente a través del mundo islámico medieval, alcanzando su apogeo en la Europa de los siglos XVI y XVII. En la actualidad está desprestigiada por su mezcolanza mística de ciencia, magia y brujería practicada por charlatanes codiciosos en busca de metas imposibles. Sin embargo, cabe recordar que Isaac Newton produjo numerosos escritos sobre la materia y que el padre de la física nuclear, Ernest Rutherford, se llamaba a sí mismo alquimista.

Por otra parte, los métodos alquímicos de destilación y extracción nos recuerdan un poco las prácticas y equipamientos de los laboratorios modernos. Igualmente reconocible es el sistema de utilización de símbolos para representar los elementos, al igual que la ciencia moderna cuenta con la tabla periódica. En la crisopeya primitiva se usaron los signos astronómicos de los planetas, para desarrollar después otros símbolos más específicos. Aun así, se consiguió muy poca homogeneidad, lo que refleja la naturaleza turbia y clandestina de las actividades asociadas a la alquimia, cuyos practicantes empleaban una gran variedad de códigos y símbolos en su afán de ocultar sus descubrimientos de las miradas de sus potenciales competidores.

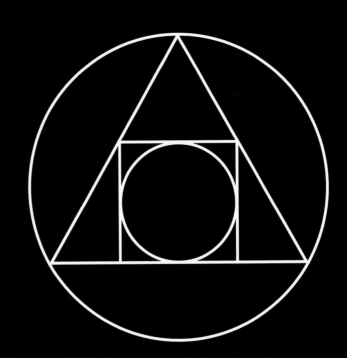

034 Llamada a veces «la piedra filosofal», el símbolo de la alquimia incorpora el círculo del macrocosmos, el del microcosmos, el triángulo de los tres componentes humanos y el cuadrado de los cuatro elementos alquímicos.
035 Símbolo alquímico del aire.
036 Símbolo alquímico de la tierra.
037 Símbolo alquímico del fuego.
038 Símbolo alquímico del agua.
039 Símbolos alquímicos de los elementos.

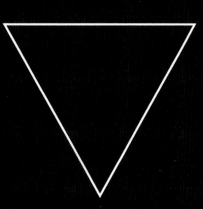

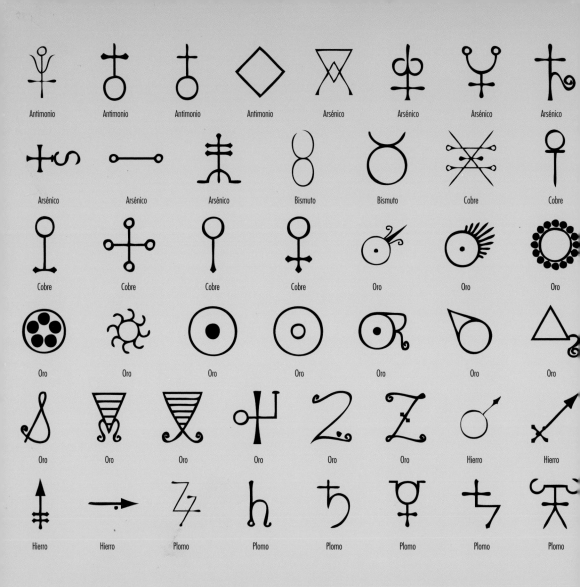

| Antimonio | Antimonio | Antimonio | Antimonio | Arsénico | Arsénico | Arsénico | Arsénico |

| Arsénico | Arsénico | Arsénico | Bismuto | Bismuto | Cobre | Cobre |

| Cobre | Cobre | Cobre | Cobre | Oro | Oro | Oro |

| Oro | Oro | Oro | Oro | Oro | Oro | Oro |

| Oro | Oro | Oro | Oro | Oro | Oro | Hierro | Hierro |

| Hierro | Hierro | Plomo | Plomo | Plomo | Plomo | Plomo | Plomo |

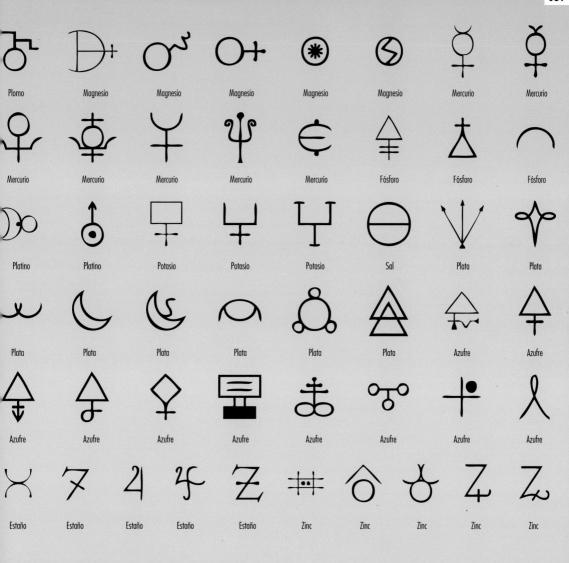

Plomo	Magnesio	Magnesio	Magnesio	Magnesio	Magnesio	Mercurio	Mercurio
Mercurio	Mercurio	Mercurio	Mercurio	Mercurio	Fósforo	Fósforo	Fósforo
Platino	Platino	Potasio	Potasio	Potasio	Sal	Plata	Plata
Plata	Plata	Plata	Plata	Plata	Plata	Azufre	Azufre
Azufre	Azufre	Azufre	Azufre	Azufre	Azufre	Azufre	Azufre
Estaño	Estaño	Estaño	Estaño	Estaño	Zinc	Zinc	Zinc	Zinc	Zinc

Pertenencia e identidad

040 Señal en el pueblo de Salle (East Anglia, Reino Unido).
041

042

Pertenencia e identidad

Reconocibles al instante y fáciles de recordar, los signos y símbolos son elementos fundamentales a la hora de indicar identidad y pertenencia al grupo. Los escudos de armas, sistema de identificación arquetípico, implican el uso de símbolos con el fin de denotar atributos dinásticos y posición social. Para representar pueblos, ciudades, países y culturas suelen adoptarse iconos menos codificados, como habitantes famosos, edificios emblemáticos o especies autóctonas.

La afiliación a una religión, partido político o bando de cualquier tipo se comunica de forma característica a través de símbolos: desde la afirmación personal que constituye un tatuaje hasta los símbolos opresivos de una dictadura. La identidad humana puede estar representada por pictogramas sencillos o retratos icónicos. Las firmas son exclusivas de cada individuo, mientras que su equivalente en el mundo de los grafiti, las *tags,* aportan un aire urbano al tema de la identidad.

040 Señal en el pueblo de Salle (East Anglia, Reino Unido).
041 Bandeja conmemorativa (1961). Hecha en formica, muestra los edificios icónicos de la ciudad de Londres.
042 «Sólo se vive una vez», reza el tatuaje del Lochbuch der Liebe de Jenny Orel.
043 El cardo, símbolo de Escocia.
044 Señalización para la exposición «El holocausto oculto» en el centro de exposiciones Mücsarnok de Budapest.
045 Parte de una baraja de Cartas Culturales realizadas por UMS Design Studio (Bombay, India).
046 Libro de marcas de Virgin Atlantic (Turner Duckworth).
047 Detalle de una insignia estadounidense con el motivo de las barras y las estrellas.
048 El lujoso China Club de Pekín combina las linternas chinas tradicionales con la estrella roja del comunismo para crear un icono moderno.
049 El águila, emblema nacional estadounidense desde 1782.

046

STOP THINKING

this is a passenger

047

048

THE CHINA CLUB, BEIJING

049

Organized Labor
Proud and Free

USA 15c

050

TELEPHONE

051

10

052

050 *Lizzie Allen se sirve de imágenes típicas londinenses para sus diseños de papel pintado artesanal.*
051 *Faltan diez escalones.*
052 *Un muro cubierto de Budas en el Palacio de Verano de Yiheyuan, justo a las afueras del centro de Pekín.*

Escudos de armas

Los escudos de armas medievales eran dibujos que los caballeros exhibían en sus escudos o cotas, y la única forma de identificarlos cuando llevaban el cuerpo entero cubierto por la armadura. Países, ciudades, familias, regimientos y hasta empresas y marcas comerciales emplean escudos de armas para reflejar sus identidades respectivas, evocar la idea de tradición y connotar la noción de calidad. Las interpretaciones modernas recurren a una iconografía variada, pero originariamente la heráldica estaba gobernada por estrictas reglas que empleaban una terminología derivada del francés antiguo. Los colores son argento (plata), oro (amarillo), gules (rojo) y sable (negro), mientras que a los diversos diseños se les denomina *forros*.

Un escudo de armas completo consta del escudo o blasón, el yelmo y la cimera, además de soportes o tenantes a ambos lados (por ejemplo, leones rampantes) y un lema o divisa en la parte inferior. El blasón puede estar dividido en campos o bien por medio de elementos gráficos tales como la cruz vertical, el sotuer (cruz diagonal), el palo (línea vertical) y las bandas y barras (líneas diagonales). Las distintas secciones del blasón se decoran con motivos denominados cargas: figuras de animales, plantas u objetos. Un motivo muy conocido es la flor de lis, la forma estilizada de un lirio o azucena que se asocia, según los casos, a la monarquía francesa, la Santísima Trinidad o la Virgen María.

053 Hágase su propio escudo de armas utilizando estos elementos diseñados por Andrei Pustovoy (coronas), David Luscombe (blasones diversos), Julie Felton (variaciones de la flor de lis) y una cimera completa con caballos alados original de John Woodcock (todo ello tomado de istockphoto.com). Bajo la cimera tenemos una serie de blasones divididos en campos. De izquierda a derecha: cruz, sotuer, palo y banda.

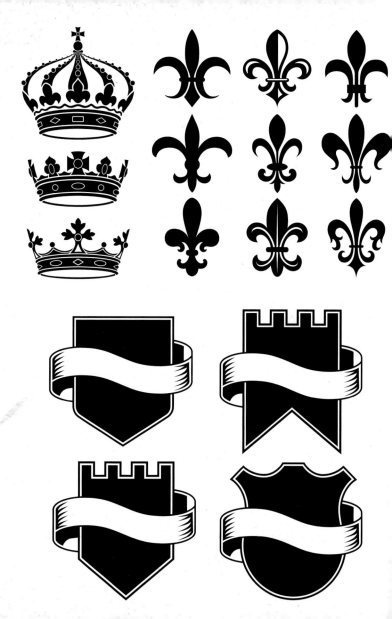

Emblemas municipales

Solemos pensar que la utilización de distintivos para representar a pueblos y ciudades es una práctica moderna, pero los típicos emblemas de los pueblos ingleses tienen casi un siglo de existencia. En 1912 el rey Eduardo VII dispuso que se erigieran estas señales en los pueblos situados dentro de los terrenos reales de Sandringham, en el condado de Norfolk. Durante los años de la posguerra arraigó esta costumbre y empezaron a surgir por doquier, en los accesos y parques de numerosas localidades pintorescas de Inglaterra, emblemas locales profusamente adornados con pinturas y relieves decorativos. Su aspecto envejecido no debería engañarnos: algunos se colocaron para celebrar el nuevo milenio. Diseñados con el propósito de que evoquen la historia y el patrimonio de la localidad a la que representan, suelen aludir a la artesanía local, a sucesos legendarios vinculados al municipio en cuestión o a sus habitantes más célebres.

Puede extrañar la comparación entre los emblemas de los pueblos ingleses y las insignias alusivas a distintas localidades de la Rusia soviética, pero el propósito de ambos tipos de distintivos es fundamentalmente el mismo. Tanto la lustrosa gavilla de trigo que es el emblema de Burston, en Inglaterra, como la insignia que representa a la localidad rusa de Zheleznogorsk, donde se ubica la instalación nuclear más grande del mundo, evocan el orgullo ciudadano, conmemoran logros colectivos e idealizan sus respectivas realidades.

054-059 Emblemas municipales de diversos pueblos de East Anglia, en el Reino Unido (fotografías de Leo Reynolds). 060-068 Insignias rusas conmemorativas de esmalte procedentes de la colección de Richard y Olga Davis. En la parte superior, de izquierda a derecha: Nevelisk, Dolinsk y Komsomolsk del Amur. En la parte central, de izquierda a derecha: Novosibirsk, Artyom y Kirov. En la parte inferior, de izquierda a derecha: Berdychiv, Arsenyev y Zheleznogorsk.

060 НЕВЕЛЬСК
061 ДОЛИНСК
062 КОМСОМОЛЬСК-НА-АМУРЕ
063 НОВОСИБИРСК
064 АРТЕМ
065 КИРОВ
066 БЕРДИЧЕВ
067 АРСЕНЬЕВ
068 ЖЕЛЕЗНОГОРСК-ИЛИМСКИЙ

Tatuajes

Las pruebas encontradas en petroglifos y enterramientos prehistóricos apuntan a que el uso de tatuajes, pinturas y escarificaciones cutáneas resultaba frecuente en los tiempos antiguos para indicar la pertenencia a una tribu, mostrar lealtad a un dios o invocar protección frente al mal y la enfermedad, sin olvidar los motivos puramente estéticos. La palabra *tatuaje* se deriva originariamente del término tahitiano *tatau*, que quiere decir «marcar». Los egipcios difundieron por todo el mundo la práctica de tatuarse, y cada cultura ha desarrollado su propia versión de este arte. Destacan los japoneses, que perfeccionaron el uso del color y la perspectiva, así como los maoríes de Nueva Zelanda, que aplicaron sus habilidades en el tallado de la madera para crear el *moko,* que recubre el rostro entero. Marca distintiva que indica los logros guerreros de quien la lleva, evoca también los grandes acontecimientos de su vida.

El *mendhi* es el antiguo arte de pintarse la piel usando henna. En la India, Oriente Medio y el norte de África la tradición consistente en crear complejos diseños sobre diversas partes del cuerpo se considera que atrae la buena suerte, y durante cinco mil años ha constituido un elemento esencial en los preparativos de ceremonias diversas. Los diseños varían según las distintas culturas. En la India, por ejemplo, se cubren manos y pies con dibujos parecidos →

069 *Tatuajes decorativos de henna sobre las manos de una novia india (fotografía de Ashwin Kharidehal Abhirama).*
070 *Tatuajes de henna en pies obra de Tom O'Connell.*
071 *Tatuaje maorí Ta Moko (fotografía de Nicolette Neish).*
072 *La artista Pauline Amphlett utiliza en esta obra diseños inspirados en la técnica del tatuaje con henna.*

070

071

072

«Cuando dibujo, nunca planifico lo que voy a hacer. Siempre hay una serie de imágenes que me flotan en la cabeza, pero intento dejarlas donde están y no me esfuerzo conscientemente por engarzarlas en mi obra. Los signos y símbolos que aparecen son objetos retenidos por mi subconsciente.»

Nick White

«Nick había creado ya la cara que aparece en la carátula del álbum (la vi en una revista de arte de difusión local). La mirada de ese rostro expresa a la perfección la atmósfera emocional del álbum. Yo buscaba una imagen para la portada que, una vez vista, fuera imposible de olvidar.»

Conrad Lambert, alias Merz

073 y 074 Carátula y desplegable interior del álbum Loveheart del cantante Merz (diseño e ilustración de Nick White).

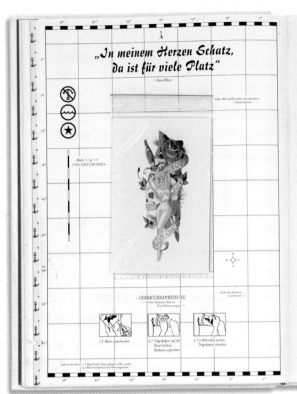

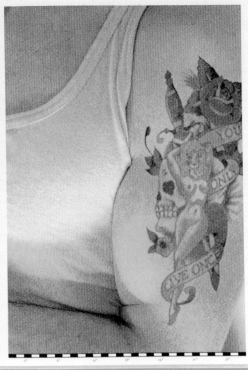

→ a abigarrados encajes —es típico en las novias—, mientras que en el norte de África se prefieren diseños más geométricos.

Los tatuajes fueron introducidos en Europa por los marineros que regresaban de sus destinos exóticos tras haberse adornado el cuerpo con flores, corazones o el nombre de sus amantes; con sirenas, barcos y anclas; o bien con serpientes, dragones y pájaros. También siguen relacionados actualmente los tatuajes con las fuerzas armadas, aunque de forma menos

romántica que antaño: los miembros de los actuales ejércitos llevan a veces tatuadas en las costillas sus números de identificación, por si hubiera que reconocer la identidad de sus restos.

El tatuaje posee vinculaciones diversas con los conceptos de identidad y pertenencia. En la Europa del siglo XIX se puso de moda entre determinados sectores de la clase alta llevar tatuajes discretos con la divisa de la familia u otros emblemas de tipo aristocrático. En el extremo contrario, los tatuajes se han relacionado →

075 Desplegable del Lochbuch der Liebe de Jenny Orel donde aparece una calcomanía separable al estilo de los tatuajes marineros.
076 Practicante de ciclocrós con la espalda tatuada.
077 Tatuaje tradicional con el corazón, la cinta y la flecha de Cupido.
078 Ilustración artística obra de Nick White para el álbum Loveheart del cantante Merz.
079 Envase de una botella de ron de la marca Captain Morgan Tattoo con sofisticados tatuajes de aspecto metálico diseñados por la agencia británica Identica.
080 Colgante en forma de orla obra de Comfort Station.
081-083 Iconos personales hechos en tinta: los tatuajes reflejan la personalidad de quien los lleva.

076

077

078

079

Captain Morgan®

TATTOO

Puerto Rican Rum with Spice & Other Natural Flavors
PRODUCED BY
CAPTAIN MORGAN RUM Cº
PONCE, PUERTO RICO

35% ALC. BY VOL. (70 PROOF)

080

COVER me over
In dusk and dust and dreams

081

082

083

→ durante mucho tiempo con el mundo de la delincuencia, a veces por ser símbolos de identificación impuestos por el Estado o porque se los grabaran en la piel los propios reclusos como expresión de su independencia. También sirven para indicar la duración de la condena, es decir, el número de años que el preso pasa en el penal.

También puede expresar la pertenencia a una pandilla, como marca permanente de fidelidad al grupo. Quizá la imagen más socorrida aquí es la de las pandillas de moteros. Los miembros de los *Ángeles del Infierno* suelen llevar un tatuaje en el que una calavera con un gorro de aviador aparece enmarcada por unas alas, mientras que los *Bandidos* se tatúan a veces la cifra del 1% para indicar que, dentro de la fraternidad de los moteros, ellos representan el uno por ciento de los verdaderos forajidos.

Durante buena parte del siglo XX los miembros de esos grupos constituyeron una reserva de individuos «demasiado vagos para trabajar y demasiado asustados para robar», pero hoy los vínculos entre tatuaje y marginalidad social han sido engullidos por la cultura de masas: más del sesenta por ciento de los estadounidenses con edades comprendidas entre los dieciocho y los treinta años llevan al menos un tatuaje en el cuerpo. A pesar de ello, el tatuaje sigue siendo un símbolo de individualismo, la expresión de la propia personalidad. Los famosos nos enseñan sus últimos tatuajes —con los nombres de sus hijos, esposas o amantes grabados en lugares prominentes y dispuestos a exhibirse ante las cámaras—, mientras que, bajo sus respetables trajes de ejecutivos, los abogados, economistas y banqueros esconden sus iconos individuales trazados en tinta sobre alguna parte discreta del cuerpo.

085

084 Los marineros que volvían de Oriente introdujeron los tatuajes en Europa. Un motivo muy recurrente fue el del dragón chino en espiral, que puede llegar a envolver el brazo entero con su trazo continuo.

085 La empresa Turner Duckworth creó esta presentación para un producto de Motorola que recurre a los diseños del artista del tatuaje Ami James, de la agencia Tattoo Ink. Diseño: Shawn Rosenberger, Ann Jordan, Josh Michaels, Rebecca Williams, Brittany Hull y Radu Ranga. Imagen del producto: Paul Obleas, Motorola.

086 Tatuaje del Sagrado Corazón.

087 El depósito Butt Butt es una forma divertida de capturar el agua de lluvia. Lo diseñaron para la empresa Straight Plc. Geraldine y Wayne Hemingway, de Hemingway Design.

088 y 089 Son precisamente este tipo de tatuajes en la zona lumbar los que inspiraron el rasgo icónico del depósito Butt Butt.

086

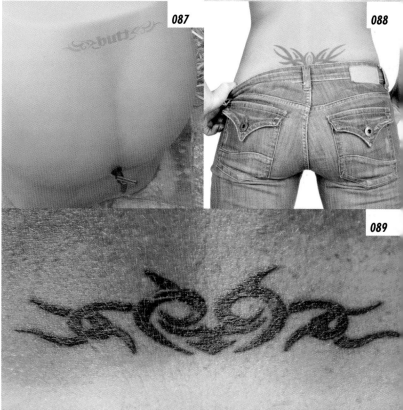

087

088

089

Firmas de grafiti *(tags)*

En 1979 el galerista Claudio Bruni expuso en Roma la obra de dos artistas neoyorkinos del grafiti, Lee Quinones y Fab Five Freddy. Su iniciativa supuso una reconsideración del grafiti como manifestación artística y el comienzo del aburguesamiento de un arte callejero que ha culminado con el culto internacional a la figura de Banksy.

Puede que el *valor* de este modo de expresión artística esté alejándose del asfalto para refugiarse en las galerías de arte, pero si uno se da un paseo por la zona londinense de Shoreditch o por el centro de Manhattan verá que sigue habiendo bastante actividad en las calles. Y así, las firmas grafiteras o *tags* se han convertido en una presencia inherente al paisaje urbano. Estas marcas de identidad, a menudo bastante complejas e incluso impenetrables para los no iniciados, se han integrado en los códigos específicamente urbanos, además de ser objeto de apropiación (literalmente o con afán irónico) por parte de quienes quieren adoptar un toque urbano en el mundo del diseño y la comunicación.

090-095 Firmas de grafiteros en el entorno urbano que van desde las más sencillas hasta otras verdaderamente sofisticadas.
096 El embalaje de las figuras de juguete de la línea Gorillaz (un producto conjunto de la marca Kidrobot y el grupo Gorillaz) adopta un aire urbano mediante la utilización de un logotipo con pintura de aerosol inspirado en las firmas del grafiti.

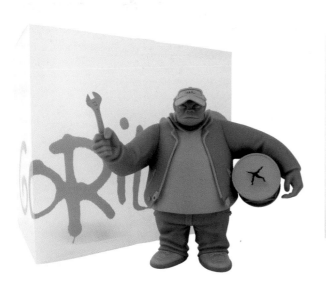

097 Esta puerta neoyorkina exhibe numerosas firmas de grafiti o tags. El resultado es un diseño aleatorio y multicromático.
098 La tradición clásica de la cerámica azul de Delft (Holanda) se funde con la atmósfera callejera de Nueva York en esta vajilla de porcelana diseñada por Lovegrove & Repucci.

099

100

101

Iconos urbanos

Construida en 1889, durante la *belle époque*, la torre Eiffel se convirtió en un emblema de todo lo bueno que había en el París de aquel tiempo, una ciudad a la cabeza del mundo en la ingeniería, el ocio y la cultura. Aquellos días fueron también los del surgimiento del turismo, con lo que el nuevo monumento empezó a ser una imagen profusamente utilizada en postales y objetos de recuerdo. De este modo, la torre Eiffel marcó el precedente del icono urbano. Fácil de representar en dos o tres dimensiones, su silueta se ha convertido en un emblema de la capital francesa.

Edificios, estructuras y monumentos crean una asociación instantánea con el aspecto y la atmósfera de la ciudad a la que pertenecen, con su cultura y valores, por lo que se prestan a la apropiación gráfica. A veces son estructuras contemporáneas, como el Ojo de Londres, una noria gigante construida para adquirir un estatus icónico. En otras ocasiones son objetos cotidianos que terminan por identificarse con el lugar donde se encuentran, como los depósitos de agua situados en las azoteas neoyorquinas. →

099 El Empire State es un edificio icónico que aparece representado en su mismo vestíbulo de acceso.
100 Los inconfundibles arcos del puente de Brooklyn.
101 El puente de Brooklyn aparece en el diseño de esta camiseta realizado por Brooklyn Industries.
102-104 Las originales cúpulas de la catedral de San Basilio en Moscú, con su forma de cebolla, se han convertido en símbolos de la ciudad.
105-107 Las típicas cisternas elevadas de Nueva York (sin ellas no habría la presión suficiente para que funcionara el agua corriente) se suman al skyline *típico* de esta ciudad y al repertorio de la empresa de diseño Brooklyn Industries, que las ha incorporado a las señas de identidad gráficas del paisaje urbano local.

102

103

10

106

ROOKLYN INDUSTRIES

107

108 **109**

110

→ Aunque es cierto que los viajes de placer han reforzado el fenómeno del icono urbano, muchos de los edificios y lugares convertidos en el símbolo de una ciudad son anteriores al turismo y superan sus límites. Las cúpulas en forma de cebolla de la catedral de San Basilio en Moscú, las góndolas de Venecia o las levas del puente de la torre de Londres son elementos intrínsecamente ligados a sus respectivas ciudades, pero no fue este papel emblemático su función originaria.

Cada vez resulta más frecuente, sin embargo, que las autoridades municipales, ansiosas de promover las ciudades que gobiernan, encarguen la construcción de edificios con el propósito de aumentar su proyección internacional. La altura desempeña aquí un papel estratégico y crucial. El reto que lanzó en 1931 el Empire State (el edificio más alto del mundo durante cuarenta años) lo han venido aceptando desde entonces arquitectos, urbanistas y regidores locales, con el resultado de que cada vez se han diseñado edificios más altos al objeto de que las ciudades que los acogieran tuvieran en ellos sus iconos representativos.

108 Gondolero veneciano.
109 La torre denominada Aguja Espacial de Seattle se creó para la Expo de 1962 con la intención de ofrecer a los visitantes la posibilidad de vislumbrar el futuro.
110 A imagen y semejanza de la anterior, el artista Richard Steppic, residente en Washington y especialista en el torneado tradicional de la madera, realiza a mano estos molinillos de pimienta, unas piezas que evocan la forma de la Aguja Espacial de Seattle.
111-113 Iconos de Cádiz hechos por Salvartes Estudio de Diseño y Publicidad. De izquierda a derecha: puertas de Tierra, castillo de San Sebastián y torreón.
114 Puente de la torre de Londres.
115 Imagen simplificada de Westminster y la torre que aloja el famoso Big Ben londinense.
116 Moneda conmemorativa de dos libras en la que aparecen unos reflectores delante de la cúpula de la catedral de San Pablo londinense.
117 La diseñadora Lizzie Allen plasma su homenaje a la catedral de San Pablo (Londres) en este diseño para un papel pintado.

111 **112**

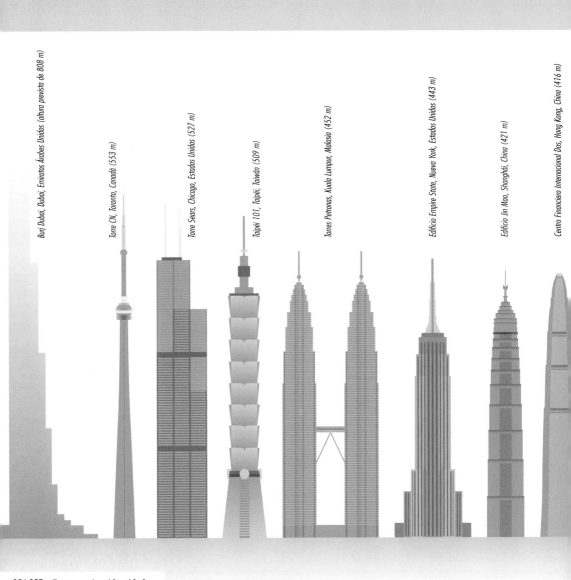

Burj Dubai, Dubai, Emiratos Árabes Unidos (altura prevista de 808 m)

Torre CN, Toronto, Canadá (553 m)

Torre Sears, Chicago, Estados Unidos (527 m)

Taipéi 101, Taipéi, Taiwán (509 m)

Torres Petronas, Kuala Lumpur, Malasia (452 m)

Edificio Empire State, Nueva York, Estados Unidos (443 m)

Edificio Jin Mao, Shanghái, China (421 m)

Centro Financiero Internacional Dos, Hong Kong, China (416 m)

Shun Hing Square, Shenzhen, China (384 m)

Central Plaza, Hong Kong, China (374 m)

Torre Tuntex Sky, Kaohsiung, Taiwán (370 m)

Banco de China, Hong Kong, China (369 m)

Torre Emirates Office, Dubai, Emiratos Árabes Unidos (355 m)

Aon Center, Chicago, Estados Unidos (346 m)

The Center, Hong Kong, China (346 m)

John Hancock Center, Chicago, Estados Unidos (344 m)

Shimao International Plaza, Shanghái, China (333 m)

Banco Minsheng, Wuhan, China (331 m)

118 Algunos de los edificios de mayor altura se han convertido en iconos de sus respectivos países y ciudades. Ilustración de Teun van den Dries tomada de istockphoto.com.

Países y culturas

Los símbolos que representan los países en banderas, escudos de armas y colas de aviones proceden en buena medida de la geografía y la historia natural. Por ejemplo, es frecuente la utilización de elementos de la flora y la fauna nacionales, y siendo el Reino Unido una nación con una robusta tradición en el ámbito de la jardinería, no es de extrañar que represente a los países que la integran por medio de plantas. Canadá lo marca todo —desde sus líneas aéreas hasta su selección de hockey sobre hielo— con la omnipresente hoja de arce. Australia y Nueva Zelanda se sirven también de criaturas autóctonas —respectivamente, el canguro y el kiwi— para evocar su carácter distintivo.

Tras el derrumbe de la Unión Soviética, el gobierno ruso se planteó adoptar el oso como nuevo símbolo nacional, pero al final se impuso el águila bicéfala zarista. Por su parte, el águila calva, especie animal exclusiva de América del Norte, fue declarada oficialmente emblema nacional de Estados Unidos en 1782, plasmando desde entonces la imagen que esa nación tiene de sí misma como tierra de libertad. Es, por tanto, un símbolo nacional revestido de valores culturales. →

119 Santo patrono de Inglaterra y de al menos otra docena de países más, a san Jorge se le suele representar matando a un dragón.
120 Moneda conmemorativa del tricentenario del Acta de Unión entre Inglaterra y Escocia. En ella aparecen la rosa inglesa y el cardo escocés.
121 Imagen estilizada de una rosa inglesa.
122 El león es un símbolo británico de uso frecuente.
123 Las verjas del monumento llamado Marble Arch, en Londres, con la figura del león.
124 El dragón del País de Gales.
125-128 La rosa inglesa, el cardo escocés, el trébol irlandés y el puerro galés representados en las pinturas murales existentes en los claustros de la catedral de Norwich (Reino Unido), vistas por la cámara de Leo Reynolds.

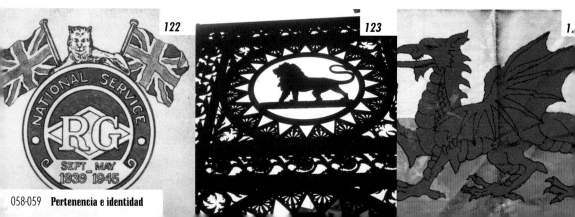

130

131

133

134

129 Un recuerdo de Canadá: peonzas que representan
la hoja de arce realizadas en madera de dicho árbol por Patty
Johnson. Se trata de una creación para el Proyecto Cabin,
que homenajeaba a destacados nuevos creadores en diseño.
130 y 131 El canguro y el emú, símbolos australianos.
132 La hoja de arce canadiense.
133 y 134 Símbolos de los Estados Unidos: las barras
y estrellas y el águila calva.
135 El oso Misha fue la mascota de los Juegos Olímpicos
de Moscú en 1980.
136 El icono del vodka Russian Standard, creado por Identica,
combina el oso ruso y el águila zarista para ofrecer una imagen
inequívocamente rusa.
137 Un tradicional dragón chino a las puertas de la Ciudad
Prohibida de Pekín.
138 El kiwi de Nueva Zelanda.

→ Muchos países adoptan medidas para controlar sus propias etiquetas nacionales, es decir, la forma en que son vistos por el resto del mundo: Francia y moda casi son términos sinónimos, a Dinamarca se la conoce por su diseño, y a Alemania por su industria del automóvil... Además, las circunstancias económicas y políticas que condicionan la cultura de un país se encuentran en constante evolución, con flujos migratorios y tendencias sociales cambiantes. Por eso los símbolos que resumen la identidad cultural experimentan mutaciones permanentes, porque aquélla sustenta un delicado equilibrio entre tópico y realidad. Además, los artistas y diseñadores pueden apropiarse de los iconos culturales y subvertirlos a fin de crear obras que glosen la imagen que un país tiene de sí mismo y la propia naturaleza de los estereotipos.

«**Nuestra ilustración subraya el reciente análisis de tendencias elaborado por Trend Group sobre la proximidad entre las culturas latinoamericana y turca. Para realzar e ilustrar la identidad dominante decidimos combinar uno de los iconos más famosos de América Latina con un estereotipo turco como es el bigote.**»

***Can Burak Bizer,
2Fresh***

139 Ilustración para Trend Group de la agencia de diseño 2Fresh, radicada en Estambul.
140 UMS Design Studio de Bombay es autor de este juego de cartas culturales creado para el Centro Internacional de Estudios Etnográficos. Las cartas en cuestión contienen imágenes incompletas que encuentran su tarjeta complementaria cuando se contestan correctamente una serie de preguntas relativas a la cultura, las prácticas sociales y las costumbres de la India.

"LATİN AMERİKA NE KADAR UZAK?"

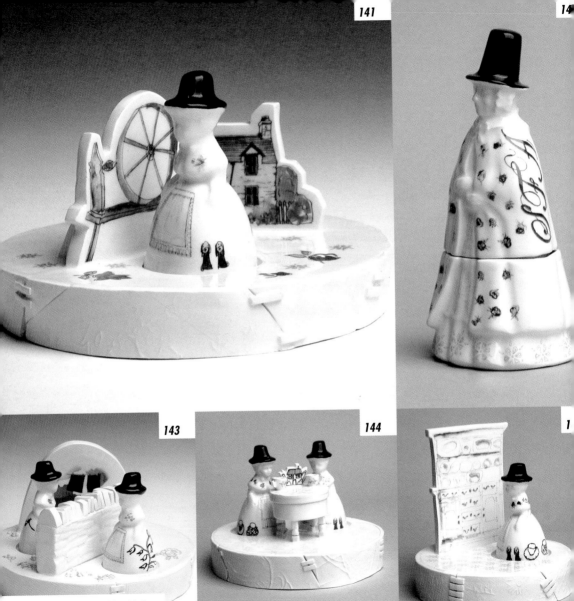

141

14

143

144

1

145 Lowri Davies utiliza el patrimonio cultural de su Gales como principal fuente de inspiración. Las piezas de cerámica de la diseñadora beben en los estereotipos culturales del País de Gales al servirse de figuras icónicas ataviadas al modo tradicional. Es el caso, por ejemplo, de la composición titulada Chat and Hiraeth am yr henebion («La añoranza de lo antiguo y de la tradición»). La obra de Davies se inspira en referencias a los objetos de porcelana que decoran los aparadores de las casas galesas y en las figuritas de cerámica que se venden como recuerdos.

146 y 147 La empresa Old Town ha creado una visión nostálgica del Reino Unido y pone de relieve el espíritu de antaño mediante sus tejidos y ropa de diseño de alta calidad. Arriba, uno de los productos estrella de sus prendas de trabajo: la bata estampada en tela Pavilion, con iconos alusivos a la costa británica: teteras, sombrillas y camas de hierro como las que se encuentran a los hostales de la costa. El catálogo y el papel de regalo de la marca recurren asimismo a iconos típicamente británicos.

«Inspirada en la tradición de los "papeles pintados conmemorativos", que reflejan grandes acontecimientos como el descubrimiento de nuevas y exóticas tierras, el diseño tiulado "Spying on China" representa un evento contemporáneo de relevancia política. La plasmación de una serie de hermosos paisajes asiáticos salpicados de aviones de reconocimiento se encuentra motivada por el forzado aterrizaje de un avión espía norteamericano que había sido interceptado por cazas chinos, un suceso que tuvo lugar en el año 2001.»

Jennifer Smith, artista, en colaboración con Studio Printworks

148 Papel pintado «Spying on China».

149

150

151

151 Tomando como punto de partida el motivo tradicional
~ce azul usado en la decoración de vajillas de cerámica,
~ta Robert Dawson tranforma el conocido diseño en
~ntos icónicos abstractos ampliando las imágenes y
~ionando las perspectivas originales. He aquí
~ los ocho platos de la colección titulada
~You Walk from the Garden, Does
~eart Understand».

152 Pieza de la colección «In
Perspective Willow 1», del mismo
artista y también en torno al motivo
del sauce.

152

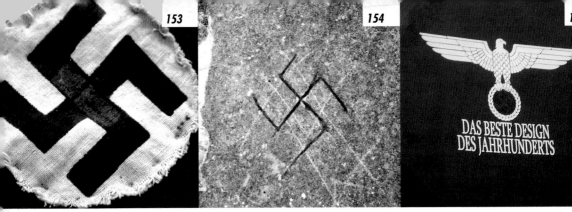

Símbolos políticos

Los partidos políticos utilizan símbolos para comunicar sus valores y generar lealtad. Entre esos símbolos hay palomas y rosas rojas, girasoles, elefantes y hasta asnos. Un ejemplo de su influencia lo tenemos en el reciente cambio de simbología efectuado por el Partido Conservador británico, que abandonó la antorcha patriótica (demasiado agresiva) en favor del roble (sólido y ecologista). Cualquiera de las opciones, sin embargo, resulta bastante inocua cuando la comparamos con las imágenes de las principales fuerzas políticas del siglo xx, que adoptaron distintivos simbólicos muy poderosos. El secuestro de la esvástica por parte de Hitler demostró ser la más terrible de todas las apropiaciones ilegítimas, al convertir un emblema de afirmación de la vida compartido por las religiones hindú, jainista y budista en el símbolo más aborrecido de la cultura occidental. Aunque han pasado bastantes décadas desde la desaparición del nazismo, en Alemania sigue siendo delito mostrar públicamente una esvástica.

El partido de Hitler comprendió el poder del simbolismo gráfico. A los prisioneros de los campos de concentración se les marcaba con anagramas que indicaban la razón de su internamiento, →

153-157 *El Partido Nacionalsocialista de Hitler adoptó el símbolo de la esvástica (en alemán Hakenkreuz) cuando su popularidad se hallaba en su máximo apogeo. Rotada 45 grados, la usaron con los colores rojo, blanco y negro de la antigua bandera del Imperio alemán a fin de suscitar intensas asociaciones nacionalistas.*
158 *Símbolo antinazi en el que se representa el acto de arrojar la esvástica a la papelera. El diseño está inspirado en el icono de la campaña «Mantenga limpio el Reino Unido» («Keep Britain Tidy»).*

→ como la tristemente famosa Estrella de David de color amarillo utilizada para identificar a los presos judíos. Sin embargo, era sólo uno más dentro de un sistema de símbolos que recurría a triángulos de tela de diversos colores —escogidos por su capacidad para transmitir admoniciones— cosidos a los uniformes según pautas diversas. El significado de estos distintivos era escalofriante. Por ejemplo, una diana de tela cosida al uniforme quería decir que quien la llevaba era sospechoso de albergar un plan de fuga.

Por otra parte, a pesar del ininterrumpido proceso de extinción del comunismo en todo el mundo, sus símbolos perviven en nuestra conciencia cultural. Mientras Mongolia festeja la sustitución de la hoz y el martillo (de opresivas connotaciones) por los iconos de su líder espiritual, Gengis Kan, los rusos actuales ven la hoz y el martillo con ambivalencia. A pesar de los decididos planes de modernización, el símbolo fue conservado por las líneas aéreas del país, la compañía Aeroflot, como distintivo de honor para sus pilotos. Y en el caso de China, la estrella roja se ha integrado en la obra de artistas y diseñadores contemporáneos, que hoy en día tienen libertad para subvertir las connotaciones autoritarias de este símbolo.

159 Diagrama con los distintivos de los prisioneros que se utilizaban en los campos de concentración alemanes. Fuente: Museo del Holocausto (Estados Unidos).
160 La pancarta de la exposición «El holocausto oculto», que tuvo lugar en el centro de exposiciones Műcsarnok de Budapest, exhibe los distintivos que se les entregaban a los prisioneros de los campos de concentración durante la Segunda Guerra Mundial. Sobre el fondo negro de un enorme triángulo (asignado a los elementos considerados antisociales, como vagabundos y enfermos mentales) se distinguen un triángulo marrón (gitanos de las etnias roma y sinti), uno rosa (homosexuales varones), uno morado (inmigrantes) y uno rojo (enemigos políticos).

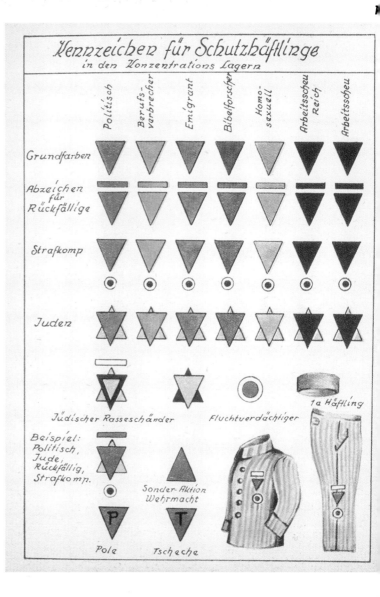

ELHALLGATOTT HOLOCAUST

161 Monumento a los héroes del pueblo en la plaza de Tiananmen.

162 y 167 El arte contemporáneo prospera en la China actual. En el barrio pekinés de Dashanzi, foco de actividad artística, los viejos símbolos (como las estrellas comunistas y hasta la efigie del propio Mao) se utilizan a modo de iconos modernos y sofisticados.

163 Esta marca china del sector de la moda etiqueta sus prendas con la iconografía tradicional de la China comunista, pero pasada por un filtro irónico de gusto retro.

164 y 165 En un mercadillo de Pekín se vende a los turistas diversos objetos de parafernalia comunista, incluidos ejemplares del Libro Rojo de Mao y figuritas que evocan la Revolución Cultural.

166 Los modernos uniformes que visten los empleados del lujoso hotel La Comuna de Pekín, de la cadena Kempinski, recuerdan el tradicional traje Mao o Zhong Shan zhuang.

168 Una escultura contemporánea en acero del traje Mao (Zhong Shan zhuan). Llena de simbolismo, la mitología popular le atribuía un significado revolucionario y patriótico. Se decía, por ejemplo, que los cuatro bolsillos representaban las cuatro virtudes de las que habla el clásico compendio del saber chino, el Guanzi. Los cinco botones de la parte delantera se referían a las cinco Yuan o ramas del gobierno citadas en la Constitución de la República Popular, mientras que los tres botones de los puños simbolizan los Tres Principios del Pueblo formulados por el estadista Sun Yat-sen, quien verdaderamente popularizó esta prenda. **169** Un ícono de la China moderna: la efigie (estarcida y pintada con aerosol al estilo Banksy) de un miembro del Partido tocado con la gorra de visera tradicional del Ejército Rojo —en la que se distingue la estrella roja— y el traje Mao.

VISŲ ŠALIŲ PROLETARAI, VIENYKITĖS!

ПРОЛЕТАРИИ ВСЕХ СТРАН, СОЕДИНЯЙТЕСЬ!

LTSR

171

173

175

172

174

176

177

0 Escudo de la antigua República Socialista Soviética
ituania con la hoz y el martillo.

1 Combinación del ideograma llamado Soyombo (el símbolo
cional de Mongolia) con la hoz y el martillo de la Rusia
ética.

2 Una estatua de Lenin, otro símbolo que sigue recordando
sado soviético de Mongolia.

3-176 Insignias soviéticas procedentes de la colección
ichard y Olga Davis en las que se exhiben impactantes
olos comunistas como la estrella roja, la bandera roja,
z y el martillo y la cabeza de Lenin.

7 Mural representativo del arte de la propaganda soviética
do justo a las afueras de Ulán Bator (Mongolia).

Símbolos religiosos

Aunque suene a herejía, quienes se dedican al diseño publicitario pueden aprender mucho de la simbología religiosa, pues su claridad y simplicidad consigue todo aquello a lo que aspiran las modernas marcas: crea un repertorio de imágenes que generan confianza y unen a las personas en torno a un conjunto de creencias y valores compartidos. Son representaciones gráficas diseñadas para ser fácilmente reconocidas. Pueden proceder de objetos del ritual religioso, como la estilizada puerta *torii* que hay a la entrada de los templos sintoístas; o pueden implicar un nivel de interpretación más profundo, como sucede con la mano jainista que representa la doctrina de Ahimsa.

Las religiones recurren a iconos y símbolos para representar sus dogmas fundamentales. Las imágenes de Ganesha, una divinidad hinduista muy conocida, poseen un rico simbolismo —según un estricto sistema de reglas codificadas— que representa ideas y cualidades muy importantes para esa doctrina. Además, los símbolos religiosos también pueden adquirir una significación cultural más amplia, como la Estrella de David, que además de representar la fe judía se identifica con Israel y se asocia al movimiento sionista.

178 *Símbolos religiosos. Arriba, de izquierda a derecha: cruz cristiana, Estrella de David judía, Aumkar hindú; en el centro, de izquierda a derecha: media luna y estrella del islam, rueda del Dharma budista, Torii del sintoísmo; abajo, de izquierda a derecha, Khanda de la religión sij, estrella de los baha'i, símbolo de la Ahimsa jainista.*
179 *Uno de los símbolos cristianos más antiguos es el pez. En griego, la frase «Jesucristo, hijo de Dios Salvador» se dice «Iesous Christos Theou Yios Soter». Las respectivas iniciales de cada una de estas cinco palabras griegas construyen, colocadas en inmediata sucesión, la palabra ichthys, que en griego quiere decir «pez»(ICQUS).*
180 *Símbolo de la Iglesia de Inglaterra.*
181 *Vidriera de la capilla unitarista en la localidad inglesa de Norwich (Stephen Pask, 1999). En ella se muestra el cáliz ardiente del unitarismo rodeado de símbolos de seis religiones.*

179

182 Nueva estatua de Buda en Ulán Bator.
183 Cirios en honor a la Virgen María en Notre-Dame (París).
184 Escultura que representa a Cristo con la aureola y el Sagrado Corazón.
185 El símbolo islámico de la media luna corona la cúpula de la mezquita de Birmingham (Reino Unido).
186 Iconos del dios hindú Ganesha.
187 La Estrella de David judía aparece en este menorá o candelabro de siete brazos.
188 Este número de la revista de diseño I.D. incluye artículos sobre el nuevo diseño y la arquitectura religiosos. En su portada aparece un iPod Shuffle en forma de crucifijo.
189 Templo hindú en las cuevas de Batu (Kuala Lumpur).
190 El simbolismo de Ganesha.

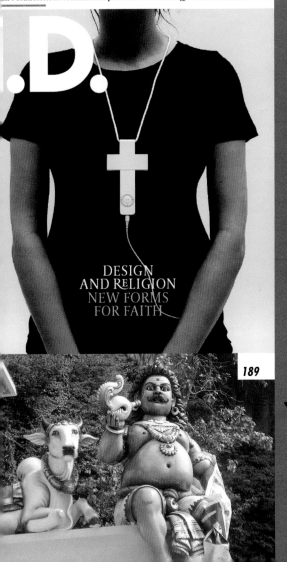

International Design Magazine *God=Details* .... **Houston Megachurch** .... **Laser Buddhas**
...ah's Contractors .... **Modernist Mosque** .... **Shabbat Technology** .... **Ideal Meditation Rooms**

I.D.

DESIGN
AND RELIGION
NEW FORMS
FOR FAITH

Su cabeza de gran tamaño
simboliza la sabiduría del elefante

Su tronco es símbolo
de su discernimiento
(viveka),
una cualidad
importantísima
y necesaria de cara
al progreso espiritual

Sus grandes orejas sirven
para separar el mal del bien

Un solo colmillo: se cree
que Ganesha se arrancó el
colmillo derecho y lo utilizó
para grabar el Mahabarata,
una de las principales obras
literarias de la religión hindú

La puya empuja al
hombre por la senda de
la justicia y la verdad

El dogal significa que las
ataduras y los deseos mundanos
son, en efecto, un dogal

Ganesha sostiene una
golosina (modaka), lo
que simboliza la dulzura
del yo interior que se
encuentra realizado

La panza significa la prodigalidad de
la naturaleza e indica asimismo que
Ganesha engulle las penas del Universo
y protege al mundo

El ratón representa nuestra mente
caprichosa y voluble: al mostrar al ratón
sometido al Señor Ganesha, se da a
entender que el intelecto ha sido domado
mediante el discernimiento del dios elefante

La identidad humana

La sonda espacial Pioneer 10 viaja en estos momentos mucho más allá del cinturón de asteroides, a más de 13.000 millones de kilómetros de distancia de nuestro planeta. Se hizo famosa, a lo largo de las tres décadas que duró la misión, por haber sido en su momento el artefacto hecho por el hombre que más lejos llegó a estar de la Tierra. En la actualidad, aunque ya se ha perdido todo contacto con ella, sigue portando en su interior un transcendental testimonio de la existencia humana: una placa inscrita cuyo objetivo es mostrar a los posibles habitantes de otra galaxia (con la necesaria formación científica y que puedan interceptar la sonda dentro de varios millones de años) cuándo se puso en órbita este objeto, desde qué lugar y por parte de qué tipo de criaturas.

La placa de la sonda Pioneer 10 representa a un hombre y una mujer delante de la silueta de una nave espacial. La mano del varón aparece levantada en un gesto de buena voluntad. El aspecto físico de los dos seres humanos representados en la placa se determinó a partir de los resultados de un análisis informatizado de la persona media en nuestra civilización: de ahí que podamos →

191 y 192 Imágenes que indican la acción de detenerse y la de cruzar la calle en un semáforo.
193 La figura humana en el universo. El propio diseño de la sonda Pioneer 10 está inscrito en una placa de aluminio anodizado en oro de 15,2 por 22,8 centímetros en la que también aparecen las figuras representativas de un varón y una mujer. En la parte inferior se representan los planetas ordenados por su distancia al sol y la trayectoria de la sonda que se aleja de la Tierra describiendo una parábola, deja atrás Marte y vira para aproximarse a Júpiter. La placa la diseñaron los científicos Carl Sagan y Frank Drake, y su dibujo fue obra de Linda Salzman Sagan.

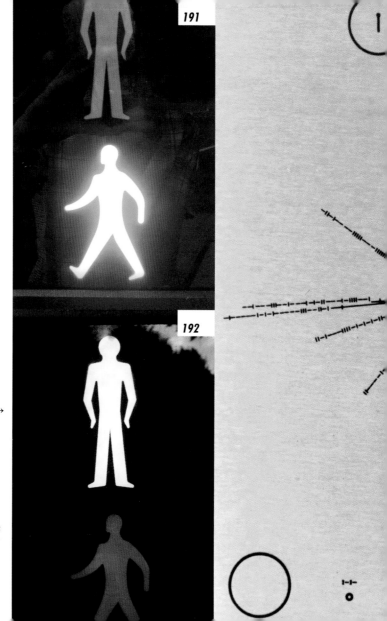

191

192

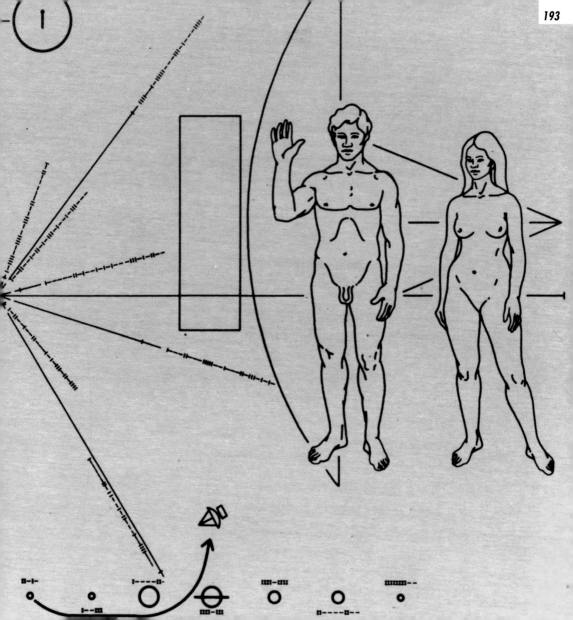

→ considerarlos «el señor y la señora Promedio». Su caso pone de manifiesto los problemas de representar simbólicamente la identidad humana, el rompecabezas que supone reducir 6.600 millones de identidades individuales a un denominador común homogéneo.

La mayoría de los pictogramas prescinden de cualquier rasgo definitorio por razones obvias. Las características individuales supondrían un obstáculo para el tipo de comunicación directa a que van destinados estos iconos. La representación figurativa queda reducida a la cabeza, el tronco, los brazos y las piernas; en ocasiones es suficiente con una cabeza y un tronco. En muchos lugares públicos hace falta una señalización que indique la existencia de instalaciones separadas por sexos. En tales casos se hace preciso diferenciar entre hombres y mujeres, y a estas últimas se las representa, por ejemplo, con un vestido; o bien la postura femenina se refleja mediante la unión de las dos piernas. Ninguna alternativa está exenta de riesgos. La diferenciación a través del atuendo plantea problemas relativos a las modas (que enseguida se vuelven obsoletas) y a los estereotipos (¿por qué ha de llevar vestido una mujer?).   →

194 Libro de marcas de Virgin Atlantic diseñado por Turner Duckworth.
195 De forma esporádica se incorporan en los pictogramas aspectos culturales, como sucede con estos iconos femenino y masculino diseñados para los hospitales públicos indios por Ravi Poovaiah.
196 y 198-200 La señalización figurativa sirve para que sus destinatarios respondan de un modo inmediato a la información o instrucción de que se trate, incluida la diferenciación entre los servicios para señoras y caballeros, la dirección de unas escaleras —manuales o automáticas— o la localización de instalaciones para discapacitados.
197 Toallero «Adán y Eva» de la serie Cut'n Go, diseñado por Julian Appelius para Pulpo.

195

197

198

199

200

→ La utilización de figuras humanas en sistemas señaléticos y de orientación sugiere la idea de interacción y contribuye a personalizar el entorno construido. Mientras que los pictogramas persiguen la homogeneidad, las representaciones figurativas de carácter abstracto sirven para apuntar una infinita variedad de formas y siluetas. Pueden humanizar, indicar movimiento y energía y poner de relieve la diferencia.

Todo lo cual nos remite una vez más a estos 6.600 millones de individuos. Naturalmente, la única manera de representar de un modo genuino la identidad humana individual es a través de los rostros. Hasta los rasgos faciales pueden dibujarse de un modo simbólico para crear un mensaje gráfico. A las personas famosas se las suele llamar «iconos», y sus rasgos individuales quedan a menudo reducidos a un número limitado de elementos para garantizar un reconocimiento instantáneo, lo que a su vez refuerza el estatus icónico de estas personas.

201 La señalización orientativa en esta zona moderna de Pekín llena de oficinas y comercios sitúa la figura humana en el corazón del complejo.

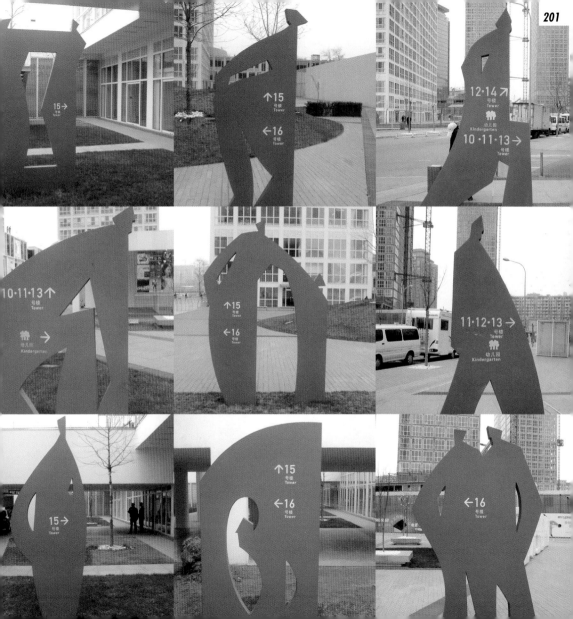

202-209 Para bien o para mal, algunos rostros adquieren un estatus icónico. Los que aquí aparecen pertenecen a: Michael Jackson, Elvis, George Bush, Martin Luther King, Bill Cosby, el personaje Alex de la película La naranja mecánica y Uma Thurman en el largometraje de culto Pulp Fiction.
210 Detalle de un cartel de Nick White que contiene 443 cabezas diferentes y combina imágenes preexistentes con el peculiar estilo ilustrativo de este autor.

Temas y emociones

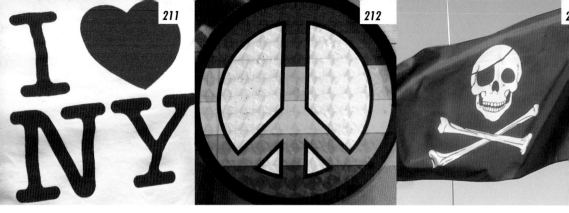

Temas y emociones

Los signos y los símbolos nos ofrecen un repertorio prefabricado para la comunicación de una amplísima gama de temas y emociones. Tanto para el diseñador como para el público en general, actúan como la taquigrafía visual de un idioma universal: un corazón significa amor, una paloma representa la paz, una chimenea simboliza la industria y un cohete se refiere al espacio sideral. De esta forma se agiliza la transmisión de los mensajes y se permite que la creatividad se canalice hacia los aspectos más sutiles de la comunicación.

La gran ventaja de los signos y los símbolos es que proporcionan toda suerte de imágenes genéricas: tenemos a nuestra disposición numerosos iconos y pictogramas prediseñados de todos los estilos para representar cualquier cosa: desde un avión a un árbol de Navidad, pasando por las distintas fases del lavado a máquina o los iconos de las especialidades deportivas. Todos ellos se pueden utilizar para comunicar directamente un tema determinado o se pueden adaptar, subvertir y combinar en un cóctel de signos y símbolos capaz de reflejar la diversidad temática de la vida moderna.

211 «I Love New York»: signos que denotan el entusiasmo por la ciudad estadounidense.
212 El símbolo de la Campaña por el Desarme Nuclear con los colores del arcoíris.
213 La bandera tradicional de los piratas.
214 El exterior de esta ferretería representa visualmente las herramientas y componentes a la venta.
215 Una herradura de la suerte.
216 El icono —diseñado por Lance Wyman— de los sellos y carteles del Mundial de fútbol de 1970 celebrado en México.
217 Este cartel realizado por Decoder para la banda Built to Spill representa una erupción volcánica de corazones —el símbolo del amor—. El diseño es de Christian Helms.
218 Icono de una fábrica utilizado para anunciar la bienal del Distrito 798 de Pekín. El símbolo refleja el pasado industrial de la zona antes de convertirse en epicentro de la innovación y la creatividad en la capital de China.
219 Plato de la marca Homemaker diseñado en los años cincuenta por Enid Seeny para los almacenes Woolworths.
220 Figura estilizada de un pájaro de la artista Wendy Earle.

217

SATURDAY, SEPTEMBER 24TH AT LAZONA ROSA * WITH THOSE INCENDIARY INFIDELS THE DECEMBERISTS AND SONS AND DAUGHTERS

POSTER WITH LOVE BY CHRISTIAN@THEBISCOTWING.COM

218

BIENNALE '98

219

220

Corazones

Cuando el diseñador gráfico Milton Glaser creó el hoy legendario logotipo de la campaña «I Love New York» en 1977, su objetivo era reforzar una operación publicitaria que iba a durar unos pocos meses. Cuatro décadas después el logo no ha perdido su vigencia y se ha convertido en un referente de éxito en el desarrollo de iconos urbanos. Tras los atentados terroristas del 11 de septiembre, Glaser revisó su logotipo, en un acto desafiante de solidaridad con la ciudad y sus habitantes, y añadió las palabras *more than ever* («más que nunca»), así como un punto en el corazón representando la ubicación del World Trade Center en Manhattan.

El logotipo es un buen ejemplo de lo que se conoce como «jeroglífico»: el uso de signos y símbolos en sustitución de una palabra o de una o varias de sus sílabas. En cuanto al símbolo del corazón —que aparece en las tarjetas de felicitación del Día de San Valentín, en señales públicas y hasta en las golosinas de una conocida marca de caramelos estadounidense (Necco) junto con breves mensajes de afecto—, no se suele interpretar como sustituto de la propia palabra *corazón*, sino que casi siempre equivale al término *amor* y sus derivados. También es frecuente que la imagen de un corazón simbolice, de un modo más literal, la salud y el bienestar, pero sin duda es el amor su connotación dominante. La locución *con el corazón en la mano* sugiere la expresión libre y sincera de las emociones, mientras que, desde el punto de vista temático, el corazón se suele usar para representar el amor romántico, y no tanto el pasional.

221 Un artículo de recuerdo para una ciudad llena de atractivos. El diseño de Milton Glaser se ha convertido en un icono.

222/223 Esta colección de camisetas de la marca francesa Noyoc juega irónicamente con el logotipo original de «I Love New York» en un alarde que también incluye a Londres.

225

226

228

229

Baked with Love.

225-227 La colección de corazones fotografiados por Leo Reynolds en su contexto comprende desde la publicidad de un bar a la promoción de un restaurante.
228 Con el corazón, si no en la mano, sí en el jersey: una forma de declarar la pasión por los Beatles.
229 Bolsa grande diseñada por Tracy Dobbins con la leyenda «I Love Fat Chicks» («Me gustan las gordas»).

230 Podemos proclamar nuestro amor por la Navidad con estas bolas para adornar el árbol.
231 Imagen de una marca de repostería industrial diseñada por la empresa norteamericana Meat and Potatoes.
232 Un dulce de San Valentín sin texto ninguno.
233 Cartel promocional de un concierto del grupo The Shins diseñado por Christian Helms, de la empresa Decoder.

La imagen alude a la expresión inglesa «To wear your heart on sleeve» («con el corazón en la mano»), y está inspirada por el carácter personal e íntimo de las letras que canta este grupo.
234 Corazón representado en un grafiti.
235 Este icono, captado por Leo Reynolds, sustituye el punto s la letra I mayúscula (que quiere decir «yo» en inglés) por el sín del amor.

6.9.04 | STUBBS / THE BLANDS & ROGUE WAVE

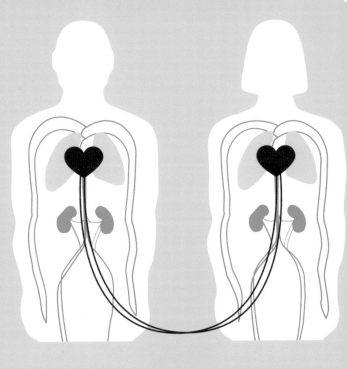

236

238

Be my

Valentine

6 ¿Acaso esta guitarra sirve sólo para interpretar música
...ántica?

7 Lámina de anatomía en edición limitada para la empresa de
...eño gráfico Hybrid Design. Su autora es la artista Dora Drimalas.

8 Felicitación antigua de San Valentín.

9 Cartel que evoca la afición a la bicicleta diseñado por Dora
...malas. Fue una edición limitada para la empresa de diseño
...ico Hybrid Design.

0-241 La empresa Comfort Station, dedicada al diseño
...oyas y accesorios, recurre a las siluetas de corazones
...u colección de pendientes y gargantillas.

2 Cartel anunciador de la gira del grupo The Hold Steady
...ñado por Christian Helms para Decoder. Tiene como objetivo
...mocionar la edición del álbum Boys and Girls in America.
...lbum explora los temas de la juventud, el amor y la cultura de
...drogas. Una frase del escritor Jack Kerouac ocupa la parte central
...a ilustración e inspira el cartel.

240

241

242

Guerra y paz

Fundado por los japoneses Yuji Tokuda y Junya
Ishikawa (director artístico y productor del
proyecto) «Retired Weapons» es una iniciativa
conjunta cuyo objetivo es difundir el mensaje de
la paz a través del diseño. Ellos mismos describen
su campaña, que ha unido a creativos de todo
el mundo, como «un mensaje agradable, pero
al tiempo poderoso y muy positivo». Visualmente,
la campaña conjuga los símbolos de las armas
con imágenes de flores, la noción de entregar
o *retirar* las armas de la circulación (reconociendo
así la realidad de la guerra) con la defensa de
la resistencia pacífica. La campaña refleja las
actuaciones de los llamados *hippies* de los años
sesenta, activistas contrarios a la guerra de
Vietnam que utilizaron el simbolismo de las flores
para promover su ideología sobre la no violencia
(regalando flores a los policías y colocándolas
en el cañón de los fusiles de los militares).

Los signos y símbolos de la guerra y la paz
contraponen de forma impactante lo fabricado
por el hombre frente a lo natural. Los rifles, las
granadas, los tanques y los aviones representan la
guerra, mientras que los corazones, las flores y las
palomas son emblemas de la paz. La amapola se
escogió en recuerdo a los caídos por tantas como
florecieron en los campos de batalla de Flandes
durante la Primera Guerra Mundial, ofreciendo
su color rojo un simbolismo apropiado para
representar la sangría de la guerra de trincheras.
Por otro lado, el hoy internacionalmente conocido
como símbolo de la paz fue creado por el artista
y pacifista británico Gerald Holtom para que
acompañara en 1958 una marcha antinuclear
desde Londres hasta Aldermaston.

*243-246 Imágenes de la instalación londinense para
la campaña «Retired Weapons» en las que se aprecian
los iconos del armamento frente a las flores de la paz y,
en el centro del recinto, el tanque con las flores hinchables.*

retired
weapons.

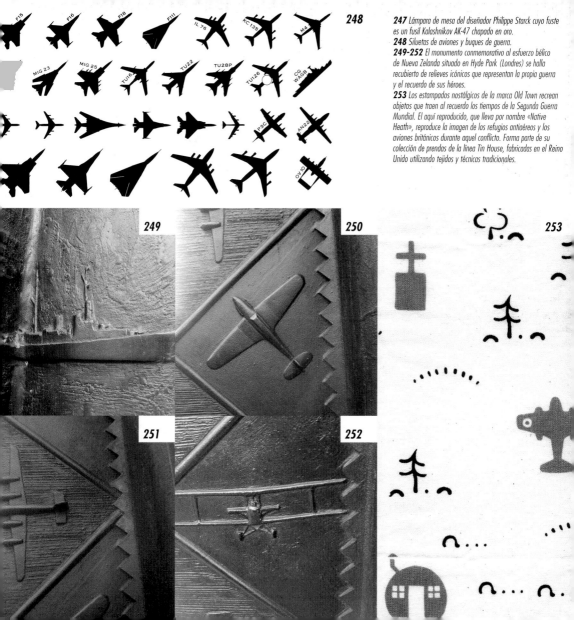

248

247 Lámpara de mesa del diseñador Philippe Starck cuyo fuste es un fusil Kalashnikov AK-47 chapado en oro.

248 Siluetas de aviones y buques de guerra.

249-252 El monumento conmemorativo al esfuerzo bélico de Nueva Zelanda situado en Hyde Park (Londres) se halla recubierto de relieves icónicos que representan la propia guerra y el recuerdo de sus héroes.

253 Los estampados nostálgicos de la marca Old Town recrean objetos que traen al recuerdo los tiempos de la Segunda Guerra Mundial. El aquí reproducido, que lleva por nombre «Native Heath», reproduce la imagen de los refugios antiaéreos y los aviones británicos durante aquel conflicto. Forma parte de su colección de prendas de la línea Tin House, fabricadas en el Reino Unido utilizando tejidos y técnicas tradicionales.

249

250

251

252

253

«En los últimos tiempos se ha escuchado aquí, en los Estados Unidos, mucha retórica probélica; supongo que ésta se trata de mi reacción personal frente al fenómeno. No soy una persona especialmente política, pero se me ocurrió esta idea y me pareció que debía expresarla de alguna manera.

Se trata de una serie de sencillas declaraciones icónicas relativas al modo en que nuestro gobierno y los medios de comunicación estadounidenses intentan edulcorar lo que realmente está pasando en Irak y Afganistán y a cómo el concepto de liberación que tiene esta Administración parece materializarse en forma de destrucción. ¡Qué disparate de mundo!»

Trent Good para la empresa de diseño y decoración Rollout

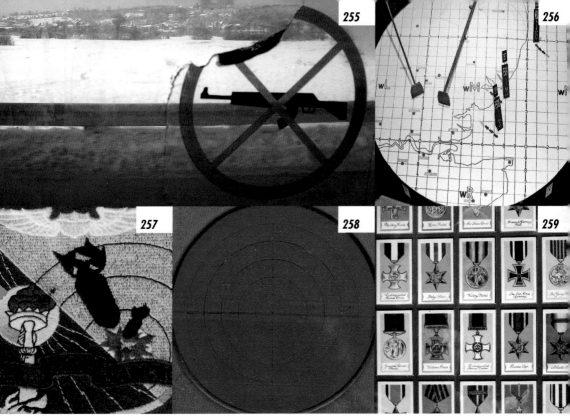

Papel pintado «War Babies» diseñado por Trent Good
Rollout.
No a las armas: vista desde la ventanilla de un tren
▪ol captada por Jannie Armstrong.

256 Herramientas de navegación utilizadas durante la guerra
(fotografía de Leo Reynolds).
257 Parches de tela con distintivos de un regimiento.
Representan el lanzamiento y explosión de varias bombas.

258 Imagen de radar.
259 Una selección de medallas reproducidas en cromos
coleccionables.
260 Pictogramas de varias medallas.

«En la foto llevamos puestos unos uniformes militares de color negro decorados con símbolos universales de la paz. El corazón se refiere al amor y la esperanza. La cruz de los primeros auxilios representa el sentimiento por los demás y el espíritu humano. El broche dorado que nos caracteriza simboliza la unidad.»

Tim DeLaughter, The Polyphonic Spree

261 The Polyphonic Spree en una imagen promocional de su disco The Fragile Army *(fotografía de Hal Samples).*

262

264

266

IMAGINE

STOP THE WAR COALITION

peace brooklyn

THE NOBEL PEACE PRIZE 1988

UN

PEACEKEEPING

262 El símbolo de la campaña por el desarme nuclear con los colores del arcoíris.

263 Monumento en memoria de John Lennon con flores formando el símbolo de la paz.

264 El símbolo del eslogan «No a las bombas» en una pancarta de la plataforma británica contra la guerra de Irak «Stop the War Coalition».

265 Medallas del Premio Nobel de la Paz.

266 Camiseta con la paloma de la paz realizada por la firma Brooklyn Industries.

267 El denominado Flower Power.

268 Símbolos chinos de la paz.

269 La amapola, que simboliza el recuerdo a los caídos.

270 La paloma de la paz en una vidriera.

271 Amapolas en el monumento conmemorativo de la guerra dedicado a Nueva Zelanda en Hyde Park Corner (Londres).

272 Pancarta a favor de la paz.

273 Un mensaje sincero a favor de la paz, la verdad, la sencillez y la igualdad.

Símbolos domésticos

Diseñadas en los años cincuenta por la entonces estudiante desconocida Enid Seeney, las vajillas de la gama Homemaker de los grandes almacenes Woolworths se convirtieron enseguida en un gran éxito. La forma de las piezas resultaba refinada y moderna, pero, además, los propios motivos gráficos en blanco y negro que las decoraban representaban elementos ultramodernos del mobiliario y los accesorios domésticos de la época (como la silla reclinable de Robin Day o el portamacetas de mimbre y larguísimas patas diseñado por Terence Conran). El éxito de la serie Homemaker se debió en buena medida al hecho de que apelaba al optimismo creciente que siguió a los austeros años de la guerra. No es difícil entender la psicología subyacente. Quizá no pueda uno comprarse la silla de Robin Day, pero al adquirir una vajilla donde aparece la imagen de aquel producto se ve que el propietario es moderno y está a la moda.

La vajilla mostraba los símbolos de un deseado estilo de vida contemporáneo, pero acabó convirtiéndose ella misma en un emblema →

274 Clásica vajilla de la gama Homemaker diseñada por Enid Seeney para Woolworths. El diseño incluye una silla de Robin Day y otro icono de la época: la mesita de café en forma de riñón.
275 Diseño textil de los años cincuenta realizado por Marian Mahler y fabricado por David Whitehead. Lleva representaciones abstractas de elementos del mobiliario doméstico, como por ejemplo hamacas y jarrones.
276 A principios de los ochenta el grupo musical The Compact Organisation se apropió del estampado de Marian Mahler y lo utilizó en las fundas de los discos de su colección Ready-to-Hear.
277 Este papel pintado de la línea Mini Moderns se llama «Sitting Comfortably?» e incluye diversas sillas para colorear. Ideal para los jóvenes entusiastas del diseño contemporáneo.

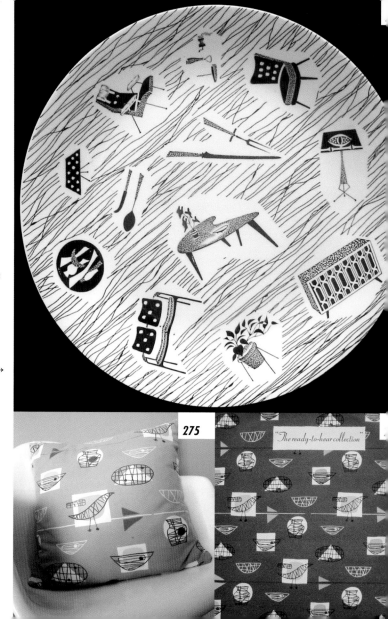

275

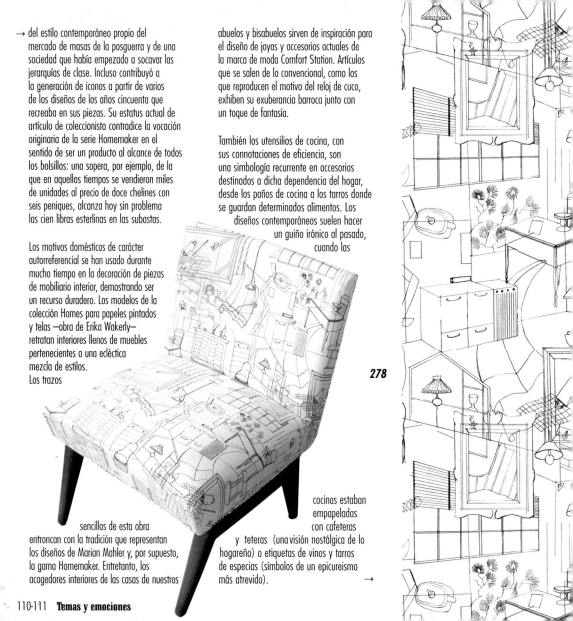

→ del estilo contemporáneo propio del mercado de masas de la posguerra y de una sociedad que había empezado a socavar las jerarquías de clase. Incluso contribuyó a la generación de iconos a partir de varios de los diseños de los años cincuenta que recreaba en sus piezas. Su estatus actual de artículo de coleccionista contradice la vocación originaria de la serie Homemaker en el sentido de ser un producto al alcance de todos los bolsillos: una sopera, por ejemplo, de la que en aquellos tiempos se vendieron miles de unidades al precio de doce chelines con seis peniques, alcanza hoy sin problema las cien libras esterlinas en las subastas.

Los motivos domésticos de carácter autorreferencial se han usado durante mucho tiempo en la decoración de piezas de mobiliario interior, demostrando ser un recurso duradero. Los modelos de la colección Homes para papeles pintados y telas —obra de Erika Wakerly— retratan interiores llenos de muebles pertenecientes a una ecléctica mezcla de estilos. Los trazos sencillos de esta obra entroncan con la tradición que representan los diseños de Marian Mahler y, por supuesto, la gama Homemaker. Entretanto, los acogedores interiores de las casas de nuestros abuelos y bisabuelos sirven de inspiración para el diseño de joyas y accesorios actuales de la marca de moda Comfort Station. Artículos que se salen de lo convencional, como los que reproducen el motivo del reloj de cuco, exhiben su exuberancia barroca junto con un toque de fantasía.

También los utensilios de cocina, con sus connotaciones de eficiencia, son una simbología recurrente en accesorios destinados a dicha dependencia del hogar, desde los paños de cocina a los tarros donde se guardan determinados alimentos. Los diseños contemporáneos suelen hacer un guiño irónico al pasado, cuando las cocinas estaban empapeladas con cafeteras y teteras (una visión nostálgica de lo hogareño) o etiquetas de vinos y tarros de especias (símbolos de un epicureísmo más atrevido). →

278

280

281

278 y 279 Este premiado diseño de la colección Homes, cuya autora es Erica Wakerly, se encuentra disponible en tela y papel pintado. Mantiene la tradición de aludir a los interiores domésticos en los productos destinados justamente a dichos interiores.

280 y 281 Los relojes de cuco pueden ser íconos de un estilo concreto, como sucede con estos artículos de joyería de la marca Comfort Station.

282 Papel pintado modelo Tick Tock de la línea Mini Moderns.

282

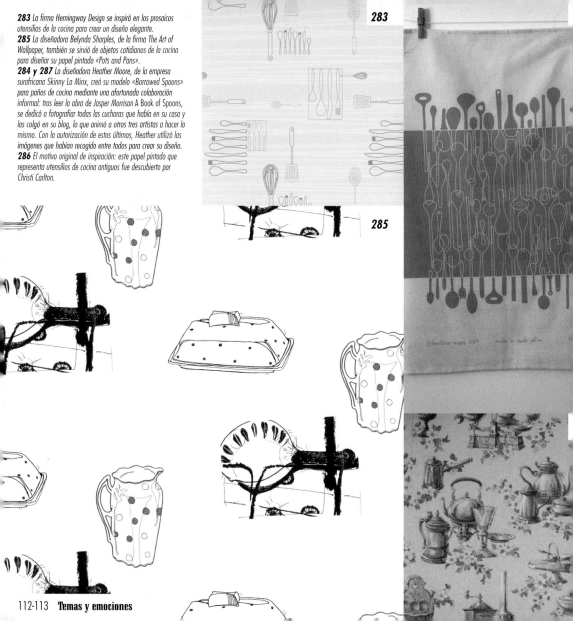

283 La firma Hemingway Design se inspiró en los prosaicos utensilios de la cocina para crear un diseño elegante.

285 La diseñadora Belynda Sharples, de la firma The Art of Wallpaper, también se sirvió de objetos cotidianos de la cocina para diseñar su papel pintado «Pots and Pans».

284 y 287 La diseñadora Heather Moore, de la empresa surafricana Skinny La Minx, creó su modelo «Borrowed Spoons» para paños de cocina mediante una afortunada colaboración informal: tras leer la obra de Jasper Morrison A Book of Spoons, se dedicó a fotografiar todas las cucharas que había en su casa y las colgó en su blog, lo que animó a otros tres artistas a hacer lo mismo. Con la autorización de estos últimos, Heather utilizó las imágenes que habían recogido entre todos para crear su diseño.

286 El motivo original de inspiración: este papel pintado que representa utensilios de cocina antiguos fue descubierto por Christi Carlton.

283

285

→ Pocas tareas domésticas son tan odiadas como la plancha, pero en estos tiempos postfeministas en que todos debemos ser polifacéticos en el hogar, las gentes de la mercadotecnia nos animan a asumir con entusiasmo la realidad y hasta el placer de las tareas cotidianas. En fin, al menos ésa es la teoría. Algunos sagaces diseñadores han sometido los símbolos alusivos a las labores de la colada y la limpieza a un proceso de abstracción para expresar así sus comentarios ingeniosos sobre la vida doméstica. Extraídos de este modo de las etiquetas de las prendas y grabados en azulejos y baldosas de cerámica —o estampados o bordados en tela—, los signos y símbolos asociados a las tareas domésticas se convierten así en rasgos decorativos. Los símbolos del rechazo se han transformado en hermosos adornos.

288-290 Los diseñadores Pieces of You usan los símbolos de la colada doméstica en este estampado sobre tela.
291-295 La obra de la artista textil Caren Garfen se centra en las mujeres y las tareas domésticas. Sus pesquisas le han demostrado que las mujeres siguen siendo las principales responsables del funcionamiento del hogar. Garfen se sirve de la técnica de la serigrafía y el cosido a mano para crear estas piezas que ella ha titulado «Womanual».

288

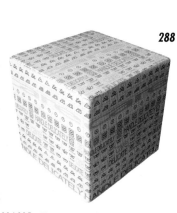

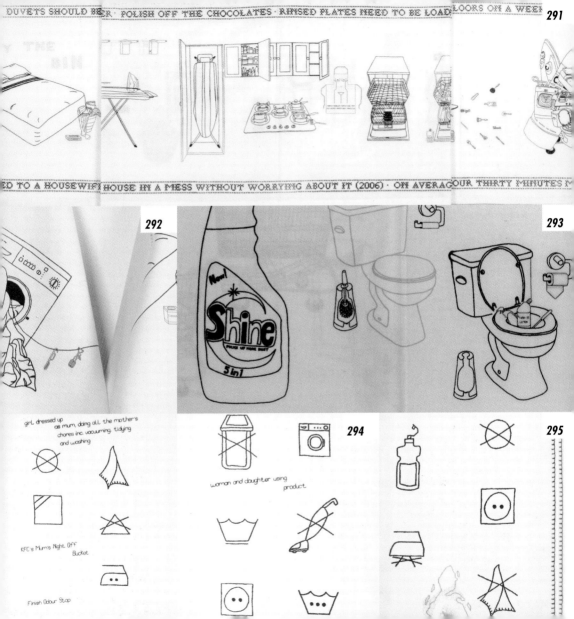

292

293

girl dressed up
as mum, doing all the mother's
chores inc. vacuuming, tidying
and washing

KFC's Mum's Night OFF
Bucket

Finish Odour Stop

woman and daughter using
product

294

295

297

296-298 *Nita Rege y Bessie Turner, de la firma Blink, han creado estos azulejos para la colección Washing Tags en los que aparecen los símbolos correspondientes al planchado manual, el lavado manual, la instrucción de no usar lejía, la de no usar secadora automática y la de lavar a 40 °C.*

299 Fila superior, de izquierda a derecha: lavar
a máquina a 95 °C; lavar a máquina a 95 °C con
planchado permanente; lavar a máquina a 60 °C;
lavar a máquina a 60 °C con planchado permanente;
lavar a máquina a 40 °C; lavar a máquina a 40 °C
con planchado permanente.
Segunda fila, de izquierda a derecha: lavar a mano;
no lavar; no escurrir; limpieza profesional; limpieza en
seco profesional, cualquier solvente; limpieza en seco,
percloroetileno, hidrocarburos (bencinas pesadas).

Tercera fila, de izquierda a derecha: limpieza
en seco, percloroetileno, hidrocarburos (bencinas
pesadas) sin y con restricciones relativas a los
procesos de adición de agua, mecánicos
o de secado; limpieza en seco con hidrocarburos
(bencinas pesadas); limpieza en seco con
hidrocarburos (bencinas pesadas) sin y con
restricciones relativas a los procesos de adición de
agua, mecánicos o de secado; blanqueo
con oxígeno exclusivamente; no blanquear;

utilizar, según las necesidades, cualquier
blanqueador.
Cuarta fila, de izquierda a derecha: usar, según
las necesidades, blanqueador con cloro; planchar
a baja temperatura; planchar a temperatura media;
planchar a máxima temperatura; planchar a
vapor; no usar vapor. Quinta fila, de izquierda
a derecha: no planchar; secadora, normal;
secadora a temperatura media; secadora, planchado
permanente; no usar secadora.

Transporte e industria

En ocasiones, los pictogramas del transporte reducen los rasgos del automóvil a una visión frontal de faros y parrilla o a un perfil lateral de simples bloques geométricos. El resultado es un fácil reconocimiento en carreteras y aparcamientos, aunque para ello haya que dejar de lado los detalles. El coche es un barómetro de los cambios en el estilo del diseño, con períodos en los que se ponen de moda los perfiles curvos y elegantes y otros donde prevalecen los ángulos y aristas. Además, ciertos modelos se han asociado con el tiempo a determinados tipos de personalidad, y los diseñadores suelen representar los automóviles no sólo en función de su estatus icónico, sino también en tanto que símbolos de tales características y asociaciones.

Los símbolos del transporte pueden representar temas contradictorios: el progreso humano, ejemplificado en la invención del motor de combustión interna, o bien la contaminación irresponsable del planeta por nuestra dependencia del transporte individual. En lo que respecta a los iconos de la industria, reflejan métodos de producción de energía: plataformas petrolíferas, postes de alta tensión y torres refrigeradoras, símbolos más tangibles que los abstractos procesos industriales, y vinculan el sector industrial al poderío de naciones y empresas. Por último, la industria personal —el bricolaje— se simboliza por medio de herramientas y piezas más prosaicas, desde taladros, martillos y sierras hasta tuercas, tornillos y grifos.

300 *Elemento de señalización en un aparcamiento de Pekín.*
301 *Llavero de automóvil.* **302** *Señal que identifica un taller mecánico.* **303 y 305** *Distintivos de clubes automovilísticos.*
304 *Símbolo estilizado de un automóvil.*
306 *En su modelo de papel pintado «CARS GO BEEP II», diseñado para Studio Printworks, la artista Jessica Smith combina textura y sensación de movimiento para crear un diseño que evoca la cacofonía del atasco de tráfico. Disponible en tonos gris sucio (Smog) y verde ecológico (Enviro).*

«En el papel pintado que recubre las paredes del hotel Central de Blacktown hay diseños de aviones, trenes y automóviles. El hotel se encuentra junto a una estación de ferrocarril con mucho movimiento de pasajeros, lo que influyó en el tema de la decoración.

El diseño consiste en un patrón repetitivo a base de pictogramas del transporte, que se mezclan con símbolos de la comida y la bebida, junto con otros más abstractos, como el de la calavera y las tibias cruzadas.»

Sophie Tatlow, Deuce Design

307 y 308 Papel pintado de la firma Deuce Design en el interior del hotel Central de Blacktown (Australia). Fotografía de Dean Wilmot.

309 *Diseño alusivo al tráfico londinense realizado por el estudio People Will Always Need Plates.*

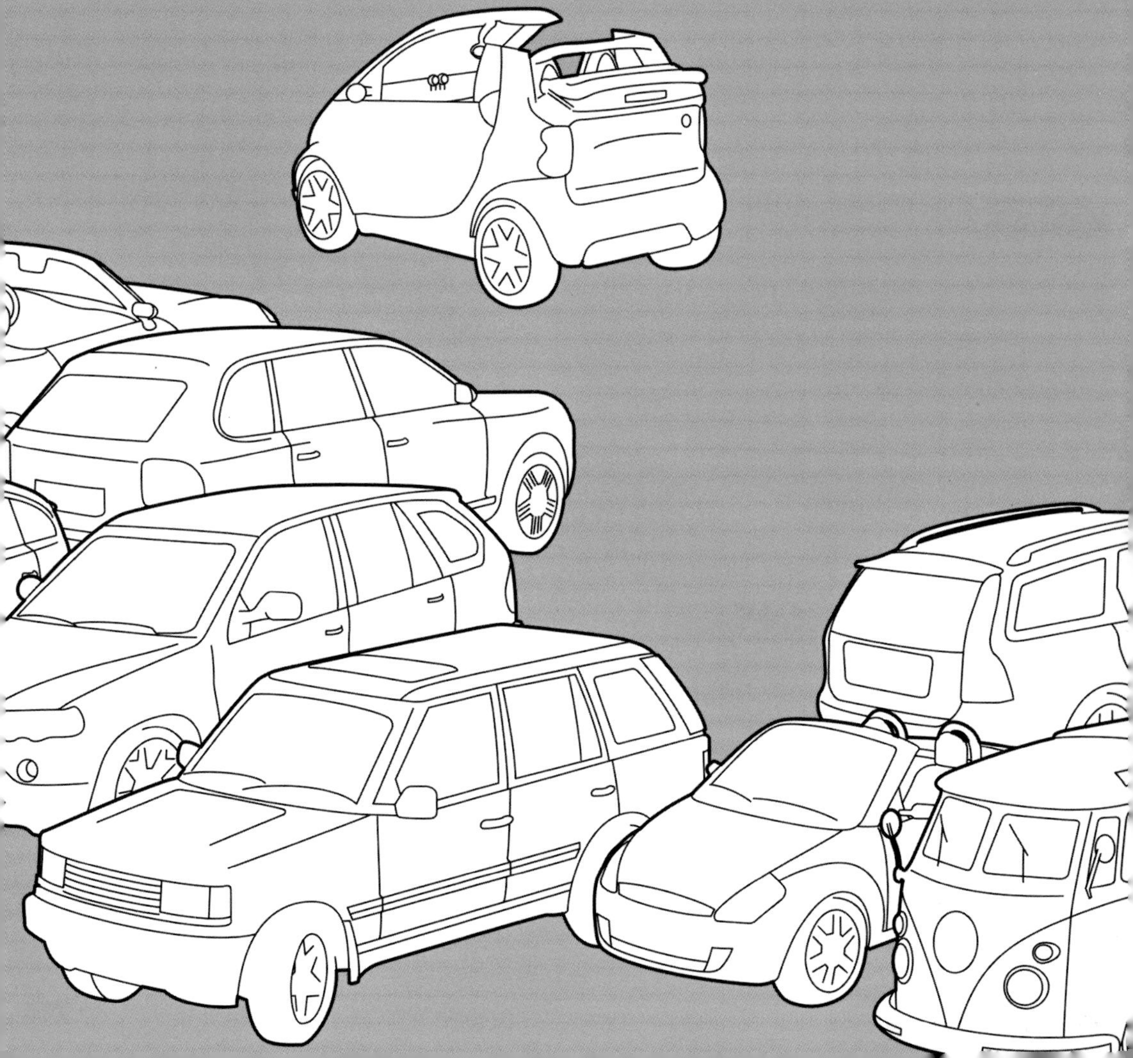

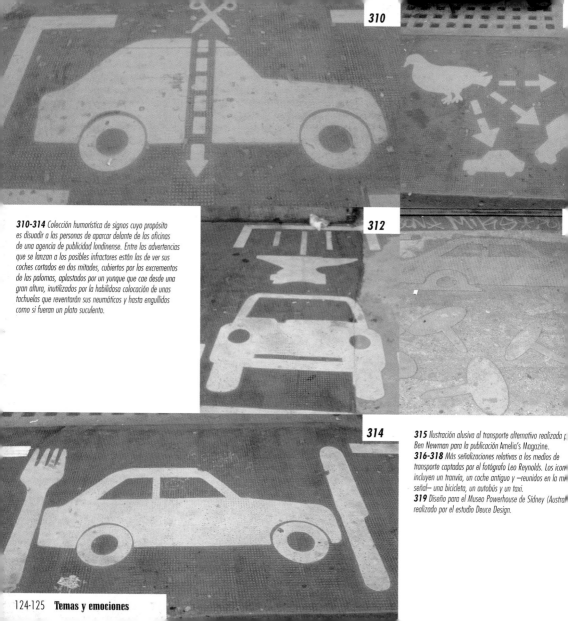

310

312

310-314 Colección humorística de signos cuyo propósito es disuadir a las personas de aparcar delante de las oficinas de una agencia de publicidad londinense. Entre las advertencias que se lanzan a los posibles infractores están las de ver sus coches cortados en dos mitades, cubiertos por los excrementos de las palomas, aplastados por un yunque que cae desde una gran altura, inutilizados por la habilidosa colocación de unas tachuelas que reventarán sus neumáticos y hasta engullidos como si fueran un plato suculento.

314

315 Ilustración alusiva al transporte alternativo realizada p Ben Newman para la publicación Amelia's Magazine.
316-318 Más señalizaciones relativas a los medios de transporte captadas por el fotógrafo Leo Reynolds. Los ícon incluyen un tranvía, un coche antiguo y —reunidos en la m señal— una bicicleta, un autobús y un taxi.
319 Diseño para el Museo Powerhouse de Sídney (Austral realizado por el estudio Deuce Design.

315

316

EAST ANGLIA
TRANSPORT MUSEUM
CHAPEL RD., CARLTON COLVILLE, LOWESTOFT.

317

318

taxi

320

322

727 HARD

HARD

324

ТӨМӨР ЗАМ

ТӨМӨР ЗАМЫН БАРИЛГА
ЗАМ ЗАМЫН АЖ АХУЙ

ТӨМӨР ЗАМЫН
ЦАХИЛГААН
ХАНГАМЖ

АВТОМАТИК ТЕЛЕМЕХАНИК
ХОЛБОО

METROPOLITAN
LUMBER AND HARDWARE

PAINT

«El modelo de papel pintado Yee-Ha! se ríe
de la mitología tejana del *cowboy*, del petróleo
y el fútbol americano, insertando sus iconos en
la estructura de un damasquinado rococó lleno
de fantasía.»

Paul Loebach para Studio Printworks

320, 322 y 324 *Fachadas de diversas ferreterías en las que aparecen
las imágenes de algunos útiles de trabajo.*
321 *Estos iconos aparecen en el camión de suministros de una empresa
dedicada a los accesorios de fontanería.*
323 *La industria de Mongolia inmortalizada en una vidriera (fotografía
de Jannie Armstrong).*
325 *Más elementos de señalización exterior homenajeando, en este caso,
los logros de la industria nacional.*
326 *El papel pintado Yee-Ha!, diseñado por el artista de Brooklyn Paul Loebach,
dispone en el centro del dibujo la imagen de un pozo petrolífero.*

Ciencia y espacio exterior

En ocasiones, buena parte del vocabulario visual de la ciencia se traslada a la representación gráfica de los temas científicos. Las partículas atómicas y estructuras moleculares son un buen ejemplo, y los siguientes diagramas y modelos en 3D, creados para representar la configuración de la materia, poseen un atractivo que no decae con el tiempo. Ellos inspiraron los diseños textiles y de mobiliario realizados por los grandes creativos de mediados del siglo XX como Charles y Ray Earnes, así como George Nelson. Utilizados en el arte y la publicidad, estos símbolos proclaman a primera vista su origen científico. Damien Hirst y Jonathan Barnbrook los recuperaron en la concepción y temáticas que utilizaron para decorar el bar y restaurante londinense Pharmacy, que estuvo abierto entre 1999 y 2003.

Los temas de la ciencia y los viajes espaciales se usan en la cultura popular y el mundo de la comunicación para sugerir que determinados productos o servicios son vanguardistas. Desde la década de los cincuenta del pasado siglo hasta la actualidad las empresas han recurrido a aparatos en órbita, sputniks, supernovas y satélites artificiales para revestir sus marcas con los atributos del dinamismo, la velocidad, la energía, la modernidad y el magnetismo.

Asistimos aquí a un caso curioso de cómo la vida imita al arte, por cuanto muchos de →

327-330 *Una selección de iconos científicos tridimensionales fotografiados por Jennifer Remias.*
331 y 332 *Para la portada del álbum de David Byrne titulado Feelings, Stephan Sagmeister encargó una serie de maniquíes con la cara del artista que mostraban diferentes expresiones (felicidad, tristeza, ira). Después les añadió una tipografía como la de la era espacial, junto con la imagen de una explosión estelar.*

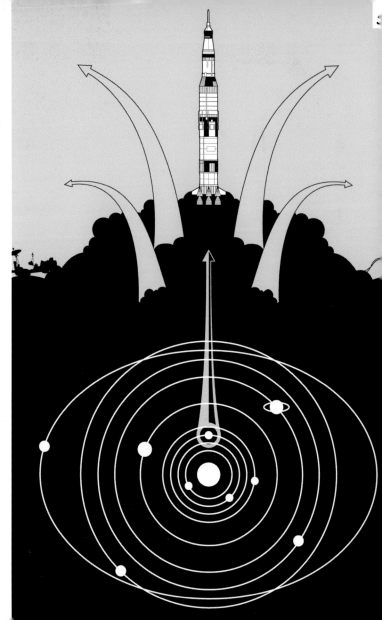

→ los signos y símbolos que representan la ciencia y el espacio se inspiran en los temas predominantes en la ciencia ficción de principios del siglo XX o son un reflejo de ellos. A Julio Verne se le considera el padre de la literatura de ciencia ficción. En su obra *De la Tierra a la Luna*, un grupo de científicos e ingenieros construye un cañón de 275 metros de largo capaz de disparar una cápsula espacial y hacerla llegar a la Luna. Por su parte, el profético film de Georges Méliès *Viaje a la Luna* antecede en 67 años al primer alunizaje auténtico.

Aquellas visiones del futuro constituyeron un precedente de la particular fusión de realidad y ficción que en este ámbito se da en la opinión pública actual, en un ciclo que ha terminado por ser autorreferencial. De este modo, buena parte de la iconografía científica y espacial ha cambiado bastante poco desde la época pionera de los viajes espaciales a mediados del siglo XX. Las insignias que conmemoraban una misión espacial durante la era soviética nos parecen hoy en día salidas de la imaginación de algún director creativo de estilo retro, mientras que el logotipo de la NASA no se nos antoja ni más ni menos creíble que si fuera un recurso ficticio para promocionar películas del género espacial. Y nos parece natural que un parque temático como Epcot, de Disney, mezcle signos y símbolos de la ciencia y del espacio que proceden tanto de la realidad como de la ficción.

333 Cartel de edición limitada titulado «Rockets to the Future» y alusivo a los cohetes espaciales. Su autor es Brian Flynn, quien lo creó para la firma Hybrid Design.
334 También de Brian Flynn para Hybrid Design es este otro cartel: «Robot Origin».
335 Folleto dirigido a los distribuidores de la bebida deportiva Hydrade diseñado por Derrit DeRouen para Decoder.
336 Folleto de la empresa Cerilliant diseñado por Derrit DeRouen para Decoder. Dicha empresa, integrada en el grupo Radian International, se dedica a sintetizar muestras y componentes químicos para tests medioambientales.

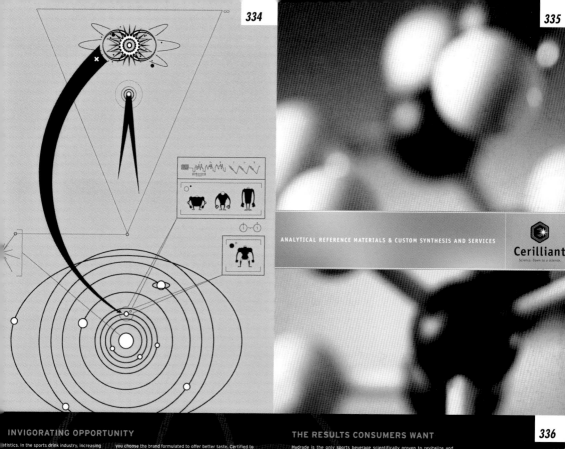

ANALYTICAL REFERENCE MATERIALS & CUSTOM SYNTHESIS AND SERVICES

Cerilliant
Science. Down to a science.

INVIGORATING OPPORTUNITY

stistics. In the sports drink industry, increasing is fueling explosive growth – more than 11.5% ast five years. The retail prices of sports drinks contrast to those of carbonated soft drinks. e market for sports drinks is projected to n in retail sales during 2000. A refreshing beverage industry? The evidence is conclusive.

e to capture the momentum of this segment, ot options. But check the facts first. Make sure

you choose the brand formulated to offer better taste. Certified to deliver superior nutritional value. The only one with a unique ingredient scientifically proven to rehydrate the body faster than any other sports drink in the world. And the industry leader for innovative packaging with an eye-catching, resealable Mylar Pouch.

The truth is, Hydrade features all the things today's active, health-conscious consumers want in a sports drink. And it's clearly the best choice to help you quench your thirst for higher beverage sales and targeted business growth.

THE RESULTS CONSUMERS WANT

Hydrade is the only sports beverage scientifically proven to revitalize and replenish the body faster. The secret? Hydrade's super-hydrating combination of glycerol and electrolytes, which we call Revitalytes™. Research shows this unique formulation actually improves overall conditioning and endurance levels. In fact, these Revitalytes optimize consumers' performance benefits by improving the body's cooling ability, helping to prevent dehydration and delaying the onset of fatigue. With Hydrade, consumers get the only ready-to-drink sports beverage available with glycerol – and they get the real results they expect.

Hydrade glycerol active scientifica to revive and rehb be

U.S. SPORTS BEVERAGE MARKET

The U.S. sports beverage market is projected to top $2 billion in retail sales during 2000 – up from $300 million in 1986. U.S. per capita consumption of sports drinks is up 580% from 1985, while market leaders have successfully maintained a premium pricing policy.

(Source: Beverage Marketing Corporation of New York, 1998)

$400 $600 $800 $1000 $1200 $1400 $1600 $1800 $2000
DOLLAR SALES (IN MILLIONS)

Hydrade delivers thirst-quenching gulpability with four popular flavors and wildly exhilarating taste.

THE TASTE CONSUMERS CRAVE

A refreshing change in the sports drink segment, Hydrade features satisfying taste that extinguishes thirst like nothing else. Non-carb and bursting with flavor, Hydrade allows consumers to enjoy ma gulpability and successfully combat dehydration. So while it is the most advanced sports drink, Hydrade draws consumers back for

337 Cartel titulado «Visible Robot», diseñado en edición limitada para Hybrid Design por Brian Flynn.
338-340 y 345 Estas antiguas insignias soviéticas de la colección de Richard y Olga Davis exaltan los satélites y los viajes espaciales mediante una sencilla iconografía cuyo propósito es que estos distintivos esmaltados comuniquen con eficacia sus mensajes.

341 ¿Cohetes espaciales rebajados de precio?
342 Anillos que irradian comunicación y electricidad en esta insignia antigua con el nombre de Marconi.
343 Una estrella fugaz.
344 Iconos espaciales y tecnológicos de gran sencillez y con un aire de ciencia ficción añeja.

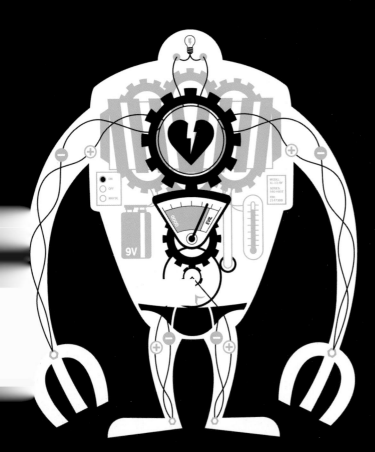

341

342

343

344

345

Naturaleza

Los motivos florales siempre han tenido gran importancia en las artes decorativas. Estamos acostumbrados a ver papeles pintados y telas decorados con flores y hojas, pero en los últimos tiempos se ha ampliado enormemente la temática procedente del mundo natural. Inspirados a veces en los paisajes boscosos de cuentos y leyendas y otras en documentos de museos de historia natural, lo que realmente cuenta en la obra de estos «nuevos naturalistas» es la abundancia de seres vivos. Mariposas, abejas, pájaros, libélulas, ciervos, insectos y peces aparecen en ilustraciones y representaciones en tres dimensiones con el efecto de evocar un cierto escapismo romántico y subrayar el valor de la creación individual por encima de la producción en masa, preocupaciones que los autores actuales comparten con sus antepasados del movimiento *Arts and Crafts*.

Lo que ha cambiado es el reconocimiento del papel que desempeñan la tecnología y la mecanización. Mientras que los miembros originarios de aquel movimiento se distanciaron deliberadamente de la industrialización, los diseñadores actuales acogen con entusiasmo la yuxtaposición de oficio y tecnología: el corte por láser se conjuga con la serigrafía manual, y los motivos repetidos generados por ordenador se reproducen en imprentas tradicionales para crear el efecto del estampado manual.

346 *Escarapela para falda estampada en ante y con forma de mariposa. Su autora es la diseñadora de joyas Anna Lewis.*
347 *Papel pintado modelo «Bees» de la casa Absolute Zero Degrees, con panales que se transforman en abejas y mariposas.*
348 *Dibujo de mariposa pintado con aerosol.*
349 *Señalización de un parque nacional en China.*
350 y 351 *Icono de mariposa que simboliza el talento emergente en el campo del diseño. Se trata de la imagen de un programa del British Council denominado «Creative Future» realizado por UMS Design Studio (Bombay, India).*
352 *Pieza de joyería inspirada en la figura de una mariposa nocturna y diseñada por la firma Comfort Station.*

347

348

349

350

351

352

353

«La instalación "Cathexis" consta de más de 3.000 pájaros colgantes de madera especialmente decorados y que vuelan en bandada por todo el edificio. Posee varios niveles de significado simbólico, como son plegarias y deseos, recuerdos y conmemoraciones, supersticiones y narrativas fragmentadas. Estas asociaciones subrayan una temática más personal centrada en la pérdida y la fragilidad, ya que "Cathexis" es también un sutil tributo al recuerdo de mi abuela.

"Cathexis" quiere decir vínculo o transferencia de energía emocional y transcendencia hacia un objeto, idea o persona hasta penetrar en su interior. El recuerdo, el homenaje conmemorativo, las supersticiones, los amuletos y los santuarios son temas conectados entre sí que inspiran e informan mi obra, sea en piezas de joyería o en instalaciones a gran escala. Ahora me doy cuenta de que mi empeño es descubrir el significado simbólico de los objetos en la vida de la gente, sean personales, religiosos, culturales o universales.»

Anna Lewis, diseñadora de joyas

353-355 *Instalación «Cathexis» de Anna Lewis en la galería Mission (Swansea, Reino Unido).*

354

355

356-358 Decoración mural del bar Trinity realizada por el estudio australiano Deuce Design.
359 Estampado para camiseta con el título «Overgrown City». Diseño de Brooklyn Industries.
360 Distintivo del World Forestry Center diseñado por Squires and Company.
361 Señalización para indicar un paisaje pintoresco.
362 Estos símbolos de hojas pintados con aerosol suavizan el entorno urbano.
363 Arte mural en cerámica de la artista Wendy Earle con pájaros, hojas e insectos.
364 Logotipo del bar The Moose pintado con ayuda de una plantilla sobre paneles de madera que recuerdan una cabaña.

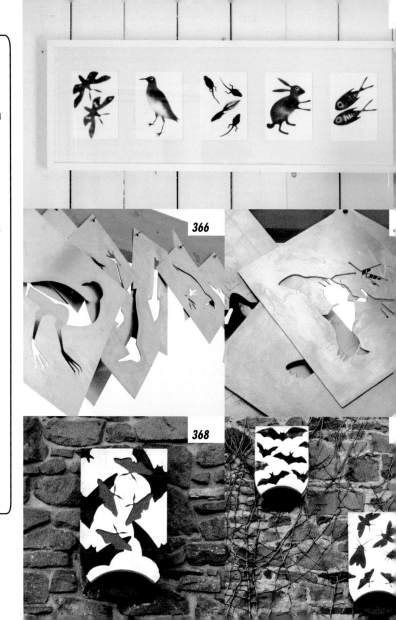

«Mi obra se interesa por el paisaje y la naturaleza. A ello contribuye el hecho de que vivo y trabajo en un valle bastante apartado del oeste de Gales. La plantación de miles de árboles y la reintroducción de humedales y praderas llenas de flores ha supuesto un incremento de la variedad de especies, lo que a su vez ha ampliado el espectro de motivos de mi producción artística.

Mi propósito es realizar obras que sean vitalistas y al mismo tiempo parezcan iluminadas por el sentido de lo mágico, que siempre ha estado presente en mi vida.»

Wendy Earle, artista

365 *Un ejemplo ya enmarcado de los estudios de pájaros, insectos y animales característicos de la obra de Wendy Earle.*
366 y 367 *En el estudio de la artista cuelga una selección de plantillas recortadas a mano sobre paneles que son de acero para poder resistir el calor del soplete mientras se realiza el trabajo.*
368 y 369 *Buena parte de la obra de Earle está pensada para exhibirse en exteriores. Como sus casitas para pájaros, con una doble función: sirven como elementos de iluminación al reflejar el sol del invierno y también como una especie de vitrinas o sagrarios donde guardar imágenes de pájaros. Estas casitas para murciélagos decoradas con siluetas de estos quirópteros e insectos varios. Su propósito es atraer a los murciélagos para que aniden en ellas. Estas creaciones quieren hacer evidentes los efectos del paso del tiempo y el deterioro natural de las piezas.*
370-378 *Selección de obras procedente de la serie de estudios de pájaros, insectos y animales de Wendy Earle.*

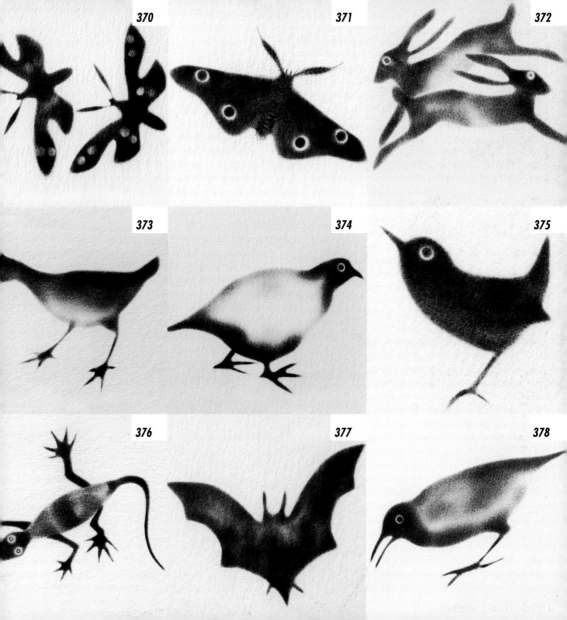

370 371 372

373 374 375

376 377 378

Las estaciones del año

Puede que la Navidad sea una festividad cristiana, pero sus raíces paganas se manifiestan en muchos símbolos asociados. Los paganos cortaban ramas de los árboles en diciembre, se las llevaban a sus hogares o templos y las decoraban en reconocimiento del solsticio de invierno, coincidente con la actual Pascua de Navidad. Es el origen del abeto navideño, una de las plantas perennifolias asociadas a la estación invernal: las bayas del acebo, de un rojo intenso, se relacionaban con la magia del invierno; la hiedra simbolizaba la inmortalidad; y del muérdago se decía que alejaba el rayo. Se creía que los inviernos fríos y oscuros volvían más poderosos a los espíritus malignos, así que la luz y el ruido se utilizaban para ahuyentar a los espíritus: de ahí el origen de las velas y las campanas vinculadas a la Navidad.

Otros signos y símbolos son una mezcla de mitología y mercadotecnia. Los victorianos tuvieron bastante que ver con muchos de los rituales navideños actuales, incluida la costumbre de enviar tarjetas de felicitación. Papá Noel —o Santa Claus— también evolucionó en aquella época, pasando de ser san Nicolás de Mira hasta convertirse en la figura que conocemos en la actualidad. La marca Coca-Cola lleva utilizando el personaje de Santa Claus en su publicidad desde 1931, y según la mitología popular la casaca roja del personaje se debe al color corporativo de la propia marca. De hecho, aunque es cierto que las ilustraciones que realizó Haddon Sundblom para Coca-Cola cimentaron el valor de este icono (el traje rojo con la orla blanca, las botas y el cinturón negro, la gran barba blanca, las mejillas sonrosadas y el estómago voluminoso), también lo es que Santa Claus ya había aparecido con una casaca de color rojo en representaciones gráficas que se remontan a 1870.   →

379 *Cartel de Ben Newman para una exposición de arte.*
380 *Tostada navideña diseñada por la firma Inseq y producida por su tostadora de matriz de puntos Zuse.*
381 *Latas de Coca-Cola (edición navideña) diseñadas por la empresa Hatch en las que se subraya el mensaje de la marca: («dar, vivir, amar»). Cada variante del producto —Coca-Cola Classic, Light y Zero— tiene su propia imagen.*
382 *Piezas de cerámica navideña en edición limitada de Lorena Barrezueta.*

→ Otros signos y símbolos nos ayudan a conmemorar diferentes tradiciones y rituales del año, por lo que los asociamos a las estaciones en las que caen dichos eventos. Costumbre muy arraigada en Estados Unidos y celebrada cada vez más en otras partes del mundo, la fiesta de Halloween se vincula al intenso color naranja de las calabazas que alcanzan su sazón en tales fechas, además de que dicha coloración evoca los fríos días del otoño. Esta fiesta tiene lugar la víspera de Todos los Santos (el 1 de noviembre), y sus orígenes se remontan a la fiesta del Samhain de los celtas britanos e irlandeses. La fecha marcaba el final del verano y la renovación de las concesiones que regulaban la tenencia de tierras. Se pensaba que era entonces cuando los muertos regresaban a sus hogares. Se encendían hogueras en lo alto de los montes para espantar a los malos espíritus, por lo que con el tiempo quedaron asociados a esta fecha toda suerte de brujas, duendes y demonios.

Los orígenes de la costumbre de vacíar una calabaza y convertirla en una especie de candil se remontan a la mitología irlandesa. Cuenta la leyenda que a Jack, un hombre muy tacaño que engañó al diablo, se le cerraron a su muerte las puertas del cielo y del infierno, quedando condenado a vagar por la tierra durante la noche con la única luz de un ascua de carbón. Jack vació un nabo y metió el ascua en su interior, y de ahí le vino el sobrenombre de Jack O'Lantern *(Jack el del farol)*. Desde entonces la gente se ha fabricado faroles de la misma guisa, procurando que tuvieran la forma de una horrible cara para ahuyentar así a Jack y a los demás espíritus malignos de la víspera de Todos los Santos.

383-389 *Iconos de Halloween: gatos negros, calabazas, brujas, figuras de Jack O'Lantern y fantasmas.*

Comida y bebida

Hasta hace poco, los carniceros y charcuteros ingleses que vendían carne de porcino solían anunciar sus mercancías mediante un cartel con la figura de un jovial cochinillo que llevaba puesto un mandil de carnicero y empuñaba una macheta. Dejando a un lado las connotaciones truculentas que encierra la noción de un cerdo sacrificado a otros animales de su misma especie, cabe destacar que la desaparición de este tipo de signos es un ejemplo de cómo la venta al por menor de productos alimentarios ha extremado sus requisitos higiénicos. En muchos casos basta con representar el producto acabado —una hamburguesa, un perrito caliente, un helado—, como si el origen de sus ingredientes fuera irrelevante o no interesara mencionarlo. Por otra parte, las cafeterías más exclusivas suelen usar como carta de presentación el origen de sus selectos cafés, mientras que los utensilios que sirven para preparar y consumir los alimentos también se pueden adoptar con el propósito de evocar la exigencia culinaria y el placer de comer.

Los alimentos constituyen además una rica fuente de simbología, destacando sobre todo la fruta por sus profusas connotaciones metafóricas. Los cítricos se asocian con el sol y la buena salud por el hecho de crecer en climas cálidos. La manzana posee resonancias bíblicas como fruta prohibida, y plátanos y cerezas se prestan al doble sentido y a la connotación sexual.

390 Cojín con la imagen de una pera, obra de Jonathan Adler.
391 Del mismo creador, cojín con la imagen de un plátano.
392 Naranja gigante fotografiada por Jennifer Remias en Mount Dora (Florida).
393 Envase de un zumo de la marca RDA Organic diseñado por la empresa Mayday.
394 Tópicos de género basados en frutas: el plátano indica el servicio de caballeros y las cerezas el de señoras.
395 Figura de señalización en un establecimiento de la cadena de fruterías Harvey's Groves (Rockledge, Florida).

392

393

394

395

396

398

396-398 La fotógrafa Jennifer Remias ha salido a la caza de signos y señales en Florida: un establecimiento de la cadena de comida rápida Maryland Fried Chicken en Leesburg; una heladería del grupo Dairy Queen; un restaurante especializado en perritos calientes de la cadena Hot Dog Heaven (Orlando).

399 Logotipo para la marca You Are What You Eat, un ejercicio escolar que realizó el diseñador Lance Wyman en 1960 mientras se formaba en el Pratt Institute.

400-402 Kitchen 24 es un moderno restaurante que abre las veinticuatro horas del día y que se encuentra en el corazón de Hollywood. Sus iconos e imagen de marca son diseños de la firma Meat and Potatoes.

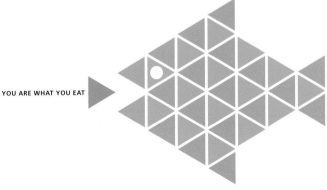

YOU ARE WHAT YOU EAT

400

401

kitchen 24

402

kimberly roussel partner
323.228.4830
kim@kitchen24.info
www.kitchen24.info
1608 n. cahuenga blvd.
hollywood, ca 90028

kitchen 24

Find Hidden Foods in the Fall Forest

Many forest mammals store food
to eat later, during the lean months
of winter. Discover some surprising
items in the forest pantry.

Find Hidden Foods in the Fall Forest

Many forest mammals store food
to eat later, during the lean months
of winter. Discover some surprising
items in the forest pantry.

406

fork
IN THE ROAD

403 Envase de café para la marca Kitchen & Pantry diseñado por Identica. La figura
representa unas tazas de café que crecen en las ramas de un cafeto, una forma de sugerir
la frescura del producto.

404-405 Elementos gráficos de una exposición didáctica que utilizan utensilios de comer
en un entorno natural. El diseño es de Reich + Petch.

406 Un juego de palabras —el propiciado por el doble sentido de la palabra inglesa fork
(que significa «tenedor», pero también «desvío» o «bifurcación»)— sugiere los elementos
de diseño gráfico de este restaurante de carretera.

Agricultura

En estos tiempos en que la producción de alimentos es un proceso industrial, los símbolos agrícolas se prestan a la evocación de épocas pretéritas de estilo de vida sencillo y saludable, cuando se ordeñaba a mano y se recogían con esmero los huevos del corral, tiempos en que las bestias tiraban del arado para labrar los campos. Ahora bien, cuando se trata de los símbolos de la agricultura funcional, el hincapié recae en la utilización segura de los equipamientos, en la alerta frente a posibles riesgos para la salud en caso de problema sanitario o en la promoción de los productos de una empresa, cuando no de un país, en un mercado alimentario cada vez más competitivo y globalizado.

407 y 408 Centro Internacional de Mejoramiento de Maíz y Trigo (México). Iconos diseñados por Lance Wyman. 409 y 410 La diseñadora Belynda Sharples, de la empresa británica The Art of Wallpaper, se inspira en el entorno rural para sus diseños de papel pintado. 411 Iconos antiguos de la industria y la agricultura. 412 Señal que informa del tratamiento del suelo agrícola con un pesticida. 413 Prohibidos toros y gallinas: ¿o quizá es el símbolo que usan en The Art of Wallpaper cuando se les acaban las existencias de los modelos que aparecen en las imágenes superiores?

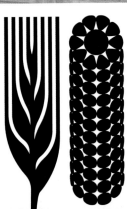

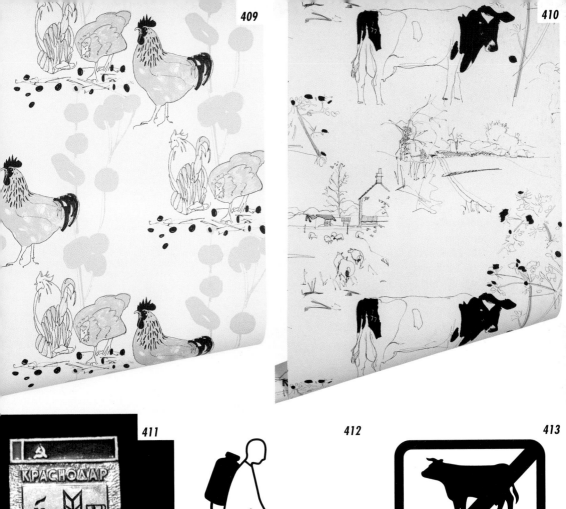

409

410

411

412

413

КРАСНОДАР

414

414-419 Colección de estampas chinas recortadas en pap
que representan distintas faenas agrícolas.
420-422 Imágenes de la Inglaterra rural en varias pancart
(fotografías de Leo Reynolds).

417

418

419

中國民间剪纸

HINESE FOLK PAPER-CUTS

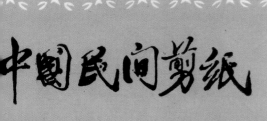

420

421

422

Fortuna

La vida de un jugador está llena de símbolos plenos de significado; y la baraja o los dados evocados en algunas locuciones cotidianas («as de picas», «reina de corazones», «siete de la suerte», «seis doble»), revestidos de un aura de suerte y superstición. En la mitología popular se cree que la baraja es portadora de significaciones metafísicas y astronómicas: los cuatro palos representan las cuatro estaciones; las trece cartas de cada palo, las trece fases del ciclo lunar; y las 52 cartas del mazo, el número de semanas del año. Los símbolos de la baraja, usados para representar la vida despreocupada del tahúr, también poseen connotaciones turbias y decadentes fuera del contexto del juego.

Algunos signos de fortuna se prestan más que otros a la representación gráfica, como el trébol de cuatro hojas, la estrella de la suerte y la herradura. Otros requieren una descodificación cultural más profunda: el ojo avizor pintado en la proa de las embarcaciones pesqueras portuguesas para detectar los bancos de pesca y las tempestades; o la linterna roja de los chinos, que ya desde los tiempos de la dinastía Quing se iza en lo alto para atraer la buena suerte y la prosperidad de cara al Año Nuevo. Los caracteres chinos suelen tener dobles significados, y allí creen que algunos atraen la buena suerte: el signo *Fu* es portador de fortuna si se coloca en la puerta principal de una casa, el *Lu* significa prosperidad y el *Shou* augura una larga vida.

423 Cartel titulado «Luck of the Draw» y diseñado por Braley Design. Anuncia el seminario de tipografía impartido por Michael Braley en la Universidad Estatal de Iowa. En dicho seminario se abordó, entre otros temas, el diseño tipográfico de cartas.
424 Rey de picas en formato circular.
425 Baraja pintada a mano.
426 Distintivo conmemorativo del emblemático Café Ace de Londres.
427 Cojines con las cartas del as y la reina diseñados por Jonathan Adler.

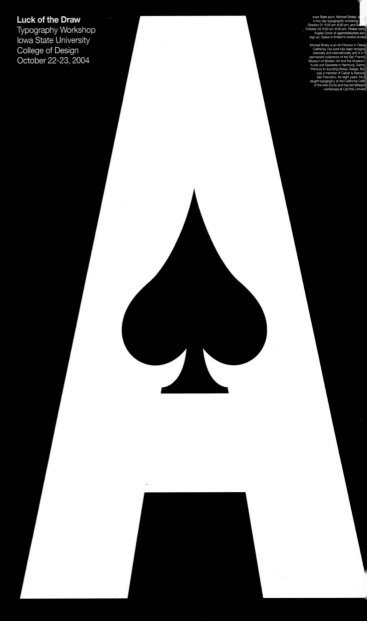

Luck of the Draw
Typography Workshop
Iowa State University
College of Design
October 22-23, 2004

Iowa State alum, Michael Braley, ⋯
a two-day typographic workshop⋯
October 22: 9:00 am–6:00 pm, and T⋯
October 23: 9:00 am–6:00 pm. Please com⋯
Angela Griner at agarrett@iastate.edu⋯
sign up. Space is limited to twelve studes⋯

Michael Braley is an Art Director in Oakla⋯
California. His work has been recogniz⋯
nationally and internationally and is in t⋯
permanent collections of the San Francis⋯
Museum of Modern Art and the Museum ⋯
Kunst und Gewerbe in Hamburg, Germa⋯
Previous to founding Braley Design, Bra⋯
was a member of Cahan & Associat⋯
San Francisco, for eight years. He ⋯
taught typography at the California Colle⋯
of the Arts (CCA) and has led letterpre⋯
workshops at Cal Poly Universi⋯

424

425

426

427

«El concepto general que subyace a la imagen de tienda de lencería Love Jones es el de crear una sutil referencia a la forma del cuerpo femenino y, al mismo tiempo, rendir homenaje al casino en el que se encuentra el establecimiento. Además del embalaje y la carta de productos para servir en las habitaciones, también diseñamos el escaparate.»

Todd Gallopo, Meat and Potatoes

428-430 Imagen de la marca Love Jones, así como muestras de sus embalajes e interior de la tienda, en la que aparecen los iconos de dicha marca. Todo ello ha sido diseñado por la firma Meat and Potatoes.

431 Imagen del restaurante Lucky Seven del empresario británico Tom Conran (diseño de Nicholas Holbrook).

432 Elemento de señalización exterior, en voladizo, del restaurante Lucky Seven.

433 Exterior del restaurante Lucky Seven.

434 Un pez que adivina el porvenir.

435 En Asia se cree que un gato de la suerte como éste atrae la riqueza.

436 La linterna roja china es símbolo de suerte y prosperidad.

437 En Japón la grulla roja es símbolo de paz y buena suerte.

438 El ojo pintado en los barcos de pesca portugueses encuentra los bancos de peces y presiente las tempestades.

439 Galletitas de la suerte.

440 La herradura de la buena suerte.

441 Una estrella fugaz.

442 Un trébol de cuatro hojas.

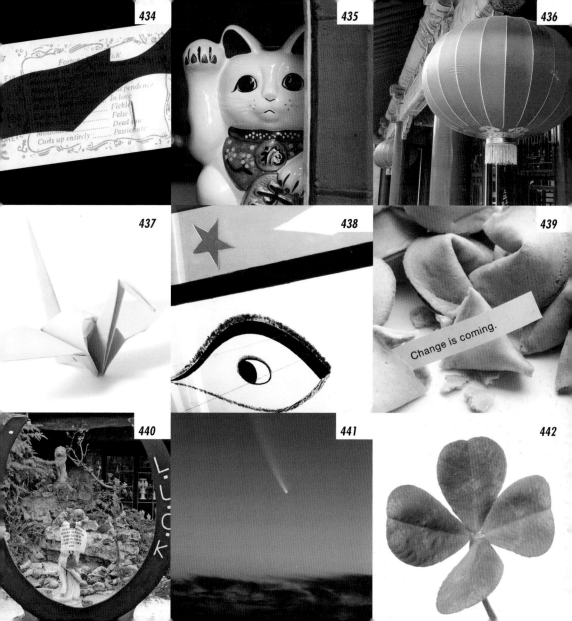

434

435

436

437

438

439

Change is coming.

440

441

442

El paisaje urbano

El entorno construido ofrece a la mirada creativa una fuente inagotable de signos y símbolos. Por ejemplo, el grafiti de la derecha, realizado con aerosol, tal vez resume la cara más triste de la vida urbana. En él vemos a un indigente sosteniendo un cartel alusivo a su desgraciada situación. A sus pies, un platillo para las monedas que le puedan echar los transeúntes.

De Moscú a Tel Aviv, de Nueva York a Berlín, la decadencia urbana es un tema muy socorrido para artistas y diseñadores. Su epítome podría ser la imagen de unos carteles descoloridos o unas señales deterioradas por el paso del tiempo en un paisaje de hormigón y asfalto. Pero no todos los símbolos del paisaje urbano son tan ásperos. Muchos diseñadores se deleitan con la diversidad de edificios y detalles arquitectónicos que pueblan las ciudades. Kensal Rising es el nombre de un estampado diseñado para la marca St Jude's (productos textiles de diseño) por la firma británica Old Town, conocida por sus clásicas prendas de trabajo. Desde su base de operaciones en el Norfolk rural (Reino Unido), los creadores de este producto lo describen así: «un guiño al entrañable recuerdo del horizonte urbano de la época victoriana tal y como podía verse desde el antiguo Ferrocarril del Norte de Londres en su recorrido desde Broad Street hasta Richmond». El diseño en cuestión representa símbolos de un Londres añejo visto desde sus tejados: chimeneas, farolas o líneas del tendido eléctrico, todo ello realizado con el encanto doméstico de los años cuarenta.

445

446

447

443 Paisaje urbano creado por el estudio de diseño Lo-Tec.
444 Estampado textil modelo Kensal Rising diseñado por Old Town. Representa elementos de un entorno urbano tales como chimeneas y farolas.
445 Un mendigo, otro elemento integrante de la vida urbana.
446 «Do You Live in a Town?» es el nombre de este papel pintado diseñado por Mini Moderns que genera un patrón a partir de una ecléctica mezcla de edificios diversos provenientes de distintas épocas.
447 Revestimiento de un panel frontal diseñado por Sean Orr para Rollout.

Felicidad

Cuando en 1966 se fusionaron State Mutual Life Assurance y Guarantee Mutual Company, la moral de sus trabajadores estaba por los suelos. En un intento de generar lo que hoy llamaríamos «alineación estratégica», la empresa contrató al artista Harvey Ball para que diseñara un símbolo que, colocado en cubrebotones, tarjetas de mesa y carteles, animara a sus empleados a sonreír. El resultado fue el *Smiley*, esa cara sonriente parecida a Kolobok (el protagonista de un cuento popular ruso) y que se ha convertido en un icono internacional. Al no ser desde el principio una marca registrada, el símbolo del *Smiley* pasó al dominio público y fue popularizado por los hermanos Murray y Bernard Spain, quienes lo usaron a principios de los setenta para comercializar tazas y pegatinas de coche con la leyenda «Que pases un buen día». Después se utilizó como el principal símbolo del movimiento musical Acid House a finales de los ochenta. Finalmente, el *Smiley* fue recuperado por su creador en 1999 con la fundación de la empresa Harvey Ball World Smile Corporation, organizadora del Día Mundial de la Sonrisa (World Smile Day®), cuya finalidad es recaudar dinero para diversas causas relacionadas con la infancia. Su lema es «Haga una buena acción: ayude a sonreír a una persona».

La cultura de Internet ha servido para acrecentar la popularidad de este símbolo gracias a los emoticonos, que se leen girando la cabeza a la izquierda y van de la sonrisa directa :-) al guiño descarado ;- o incluso el grito de indignación :-@.

448 *Durante unas vacaciones, Leo Reynolds captó con su cámara esta cara sonriente.*
449 *En los años setenta se puso de moda llevar cosida a alguna prenda la cara del* Smiley. *El símbolo reapareció a finales de los ochenta e hizo furor en la cultura rave.*
450 *¡Arriba, arriba y a volar!*
451-453 *Más caras del* Smiley *vistas por Leo Reynolds.*
454 *Recogedores para alegrarnos las labores de limpieza.*

449

451

452

453

454

Deporte y actividad física

Desde el remo a la lucha libre, pasando por el ciclismo y el tiro olímpico, hay un pictograma para cada disciplina. Al amante del deporte la plétora de signos y símbolos para indicar las diversas disciplinas le suscitará interés y motivación, mientras que, por el contrario, a quien deteste la actividad física le inspirarán el mismo espanto que una sesión intensiva de gimnasio. Es el poder de los signos y símbolos.

Afortunadamente, no hace falta estar en gran forma para apreciar los iconos y emblemas deportivos que creó Lance Wyman para los Juegos Olímpicos de México 1968, cuya imagen gráfica, a juicio del colectivo de profesionales de este campo, fue una de las más logradas de toda la historia olímpica. Los iconos de las distintas especialidades deportivas estaban inspirados en glifos de las culturas mexicanas prehispánicas, los cuales a su vez guardaban relación con el logotipo del evento diseñado por el mismo artista, que combina los anillos olímpicos con la tipografía cinética del op-art y las formas tradicionales de la cultura mexicana. Cada icono se centra en un motivo expresivo (una parte del cuerpo del atleta o un artículo de equipamiento deportivo), y su claridad viene reforzada por un llamativo código de colores, lo que ayuda al público a orientarse entre los distintos eventos.

Por otra parte, el emblema de los Juegos Olímpicos fue diseñado en 1913 por el barón Pierre de Coubertin, fundador de este acontecimiento en la era moderna. →

455-458 Seguramente la iconografía de unos Juegos Olímpicos más conocida y la que ha suscitado mayor admiración, la correspondiente a la edición de México en 1968 que señalizó los eventos de la competición.

456

457

458

→ Lleva cinco anillos entrelazados de colores azul, amarillo, negro, verde y rojo sobre un fondo blanco. Tras la presentación oficial del símbolo, su autor declaró lo siguiente en la edición de agosto de aquel año de la *Revue Olympique:* «Estos cinco anillos representan las cinco partes del mundo que se han sumado al olimpismo y están dispuestas a aceptar la sana competición». La identidad gráfica de los juegos se basa en el simbolismo del anillo, que representa la continuidad y el ser humano, y se ha convertido en una de las marcas más conocidas de todo el mundo.

Si los Juegos Olímpicos encarnan el espíritu de fraternidad reinante en la comunidad deportiva universal, hay una empresa de indumentaria deportiva que destaca sobre las demás en la representación del logro individual. Con su dinámico logotipo, que recuerda a un ala o una pipa, y su eslogan —*«Just Do It»*—, Nike, que toma su nombre de la diosa griega de la victoria, se ha convertido en sinónimo de la superación personal en el mundo del deporte. Sus campañas publicitarias, innovadoras y originales, recurren a toda una gama de signos y símbolos con el afán de llegar a determinados subgrupos dentro de una amplia audiencia sin por ello desviarse de los valores medulares de la marca, que tienen que ver con el rendimiento deportivo.

459 Símbolo de la vela olímpica diseñado por Lance Wyman.
460 Logotipo para sellos de correos conmemorativos de la Copa Mundial de la FIFA de 1970, que se celebró en México.
461 Figura de un submarinista haciendo el signo del OK. Pegatina captada en una vieja moto Vespa italiana.
462 Jorge Jorge diseñó estos iconos deportivos para el evento denominado Campos de Férias Desportivas.
463 Muestra de la colección de iconos del hotel Hilton diseñada por Lance Wyman y Mark Fuller.

459

461

462

Campos de Férias Desportivas

PORTO
CÂMARA MUNICIPAL

464 y 465 Para promocionar el lanzamiento de una líne(a) de calzado deportivo de la marca Nike en establecimientos minoristas, la firma Hybrid Design creó un lenguaje gráfico (que) incorporaba rasgos de diseño procedentes del acervo deport(ivo) de Nike y los combinaba con un aire de moda y sofisticació(n) la ropa y el calzado. Para ello se recurrió a vistosos elemen(tos) gráficos, como marcos de cuadros de estilo antiguo y caráct(er) decorativo y papeles pintados diseñados específicamente pa(ra) cada tienda.
Directora artística del cliente: Heather Amuny-Dey; directora artística de la campaña: Dora Drimalas; diseño: Dora Drimal(as,) Caleb Kolzowski; fotografía: Jeff Dey.
466 Colección de pictogramas deportivos.

464

465

466

La calavera y las tibias

El origen del símbolo consistente en una calavera y unas tibias cruzadas —que asociamos a los piratas, a las sustancias venenosas y a la religión— hunde sus raíces en el mito y la leyenda. Para los caballeros del Temple, una orden militar cristiana de la época medieval que destacó en las Cruzadas desde principios del siglo XII hasta los albores del XIV, el signo representaba la resurrección a causa de su asociación con el Gólgota («el lugar de la calavera») donde Jesucristo fue crucificado. Algunos crucifijos representan un cráneo y unos huesos cruzados bajo el cuerpo de Cristo en alusión a esta asociación. Otras vinculaciones con el cristianismo se derivan de la costumbre española de colocar cráneos y huesos de verdad a la entrada de los cementerios.

La connotación dominante de este símbolo es la que lo relaciona con la muerte: de ahí que se utilice en botellas y envases que contienen sustancias tóxicas. La práctica de marcar los venenos con la calavera y las tibias cruzadas se generalizó a finales del siglo XIX, y de hecho éste sigue siendo el único símbolo usado de un modo convencional para comunicar este significado. Se trata, sin embargo, de un uso cada vez menos frecuente fuera de las aplicaciones industriales, al existir la preocupación de que su empleo en productos domésticos pueda atraer a los niños por sus vinculaciones con el mundo de los piratas. En ese caso, los más jóvenes podrían confundirlo con una invitación al juego.

Pero la calavera y el par de tibias cruzadas se relacionan sobre todo con la *Jolly Roger,* la bandera que ondeaban los piratas antes de abordar algún barco enemigo y apresar →

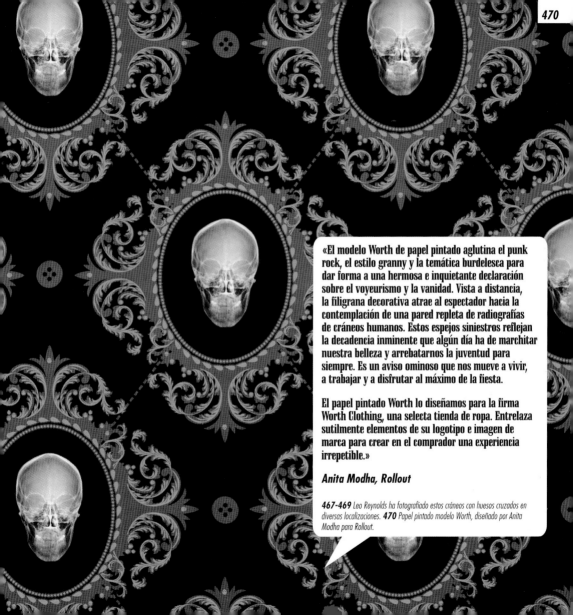

«El modelo Worth de papel pintado aglutina el punk rock, el estilo granny y la temática burdelesca para dar forma a una hermosa e inquietante declaración sobre el voyeurismo y la vanidad. Vista a distancia, la filigrana decorativa atrae al espectador hacia la contemplación de una pared repleta de radiografías de cráneos humanos. Estos espejos siniestros reflejan la decadencia inminente que algún día ha de marchitar nuestra belleza y arrebatarnos la juventud para siempre. Es un aviso ominoso que nos mueve a vivir, a trabajar y a disfrutar al máximo de la fiesta.

El papel pintado Worth lo diseñamos para la firma Worth Clothing, una selecta tienda de ropa. Entrelaza sutilmente elementos de su logotipo e imagen de marca para crear en el comprador una experiencia irrepetible.»

Anita Modha, Rollout

467-469 Leo Reynolds ha fotografiado estos cráneos con huesos cruzados en diversas localizaciones. **470** Papel pintado modelo Worth, diseñado por Anita Modha para Rollout.

471

472

4

TUSESTUDIO.COM

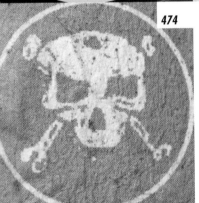

474

476

"The Good times are Killing me".
VALENTINE'S EVENING WITH MODEST MOUSE AT THE GROVE OF ANAHEIM IN SUNNY CALIFORNIA

THIS IMMACULATE MESS DESIGNED WITH LOVE BY XIAN AT THEDECODERRING.COM

471-474 y 476 Símbolos con la calavera y las tibias.

475 Cartel anunciador de un concierto del grupo Modest Mouse en Anaheim (California) diseñado por Christian Helms, del estudio Decoder. Alude a la noche de San Valentín y al título de una canción del grupo («The Good Times are Killing Me»), con una calavera casi oculta en las trazas del carmín. Pertenece a la colección de la banda (The Modest Mouse 2005 Poster Series), un proyecto de colaboración entre ésta y Decoder, la agencia que realizó un cartel serigrafiado diferente para cada una de las actuaciones en vivo del grupo. Cada cartel se basa en la letra de una de sus canciones, con la idea de que los admiradores pudieran adquirir un recuerdo tanto del espectáculo que habían presenciado como de su canción favorita.

477 Camiseta con el diseño «Devil or Angel?» de la colección de la firma Meat and Potatoes.

478 Bandera pirata con una calavera de ojos rojos.

479 Veneno.

480 Pegatina de la organización anarquista Class War (fotografía de Leo Reynolds).

481 Tracy Dobbins le da un toque femenino a la calavera y las tibias.

482

483

484

482-485 «Shazam!». Grabado artístico y camiseta en edición limitada diseñados por Meat and Potatoes. El diseño incorpora calaveras con huesos en la representación gráfica de un rayo. Sus creadores lanzan la siguiente invitación: «¡Convocad a los ancianos (Salomón, Hércules, Atlas, Zeus, Aquiles y Mercurio) con esta apasionante y dinámica camiseta!». Diseñador: George McWilliams.

→ su carga. Algunas teorías vinculan a los primeros piratas con los templarios, que se habrían convertido en bandidos tras perder el apoyo del papa. La primera mención documentada de la *Jolly Roger* se remonta al siglo XVIII. La bandera no ondeaba continuamente mientras los barcos piratas se encontraban en altamar, sino que solían navegar de incógnito, sin bandera alguna. Sólo al acercarse a sus víctimas desplegaban la enseña y disparaban un cañonazo de advertencia, al objeto de intimidar al barco que querían apresar. Si éste no se rendía, se hacía ondear una bandera roja, lo que indicaba la intención de los piratas de abordar el barco por la fuerza.

Desde la opereta de Gilbert y Sullivan *Los piratas de Penzance* hasta las actuales películas de la serie *Piratas del Caribe*, la cultura popular ha mantenido vivas las leyendas de bucaneros y, con ellas, la calavera y las tibias cruzadas. También existen varios regimientos militares que siguen usando este símbolo para afirmar su arrojo en la batalla, y se han utilizado diversas versiones del mismo en campañas dirigidas a los consumidores con el propósito de combatir la piratería de vídeos y DVD y la copia ilegal de archivos musicales, campañas a su vez pirateadas y adaptadas. El símbolo, en todo caso, parece atraer a los profesionales de la moda y a los diseñadores gráficos, en buena medida a causa de sus connotaciones de rebeldía, pero también porque se puede adaptar y readaptar hasta el infinito. La reconfiguración de sus elementos principales, por ejemplo mediante la sustitución de los huesos o los ojos de la calavera por otros símbolos e iconos, le confiere significados completamente nuevos sin arrebatarle su atractivo provocador.

486

487

488

ME TAPING IS KILLING MUSIC

AND IT'S ILLEGAL

DRM IS KILLING MUSIC

AND IT'S A RIP OFF!

OME SEWING IS
ILLING FASHION

AND IT'S ILLEGAL

The Pirate Bay

486 La calavera y la tibia fluorescentes de esta blusa le dan un aspecto provocador.
487 Un disfraz de pirata.
488 La bandera pirata con la calavera y las tibias cruzadas, esta vez en la playa de Camber Sands (Sussex, Reino Unido).
489 El logotipo de la marca de ron Kilo Kai y el diseño de su botella —una creación de la agencia Turner Duckworth— añaden un toque de ingenio y estilo al símbolo de la calavera y las tibias al utilizar dos letras K para que formen los dientes del cráneo y los dos huesos.
Directores creativos: David Turner y Bruce Duckworth.
Director de diseño: Shawn Rosenberger.
Diseñadores: David Turner y Tanawat Pisanuwangse.

490 Icono de una campaña lanzada en los años ochenta por la industria fonográfica británica en defensa de los derechos de autor. Su eslogan dice: «Las grabaciones domésticas están acabando con la música».
491 Imagen de la campaña contra la gestión de derechos digitales (abreviatura en inglés DRM, de Digital Rights Management) que se apropia del anterior eslogan y de su iconografía para afirmar una posición contraria.
492 Otra vuelta de tuerca: cartel paródico de Bo Peterson en el que puede leerse: «La costura doméstica está acabando con la moda».
493 El cruce de referencias que recurre al diseño de la calavera y las tibias continúa: el logotipo de The Pirate Bay (un sitio web de descargas de materiales multimedia) incorpora en la bandera de un barco pirata la casete-calavera y las tibias.

Símbolos eclécticos

A veces un único símbolo no es suficiente. De la predilección por los estilos decorativos hiperminimalistas que ha caracterizado los inicios del siglo XXI hemos pasado a una mezcolanza ecléctica de signos, símbolos, iconos e ilustraciones que aparecen en la aplicación de patrones de diseño, en el sector textil, el mundo del diseño gráfico, la publicidad y el arte. Esta revuelta de los símbolos encaja, grosso modo, dentro del estilo *maximalista* reivindicado en el libro de Charlotte Rivers *Maximalism,* en cuya introducción leemos: «Las siluetas y los motivos botánicos están desplazando a las líneas sencillas y austeras y a los tonos apagados. La profusión de colores y un sentido del lujo tendente al exceso parecen postular un retorno a la sensualidad».

Los diseños con mezclas de iconos que contrastan entre sí pueden resultar exuberantes, fantásticos, irónicamente nostálgicos o marcadamente urbanos. Sus fuentes son las señales de la calle, los libros de ilustraciones victorianas y las colecciones de juegos reunidos, y, aunque tanto los símbolos escogidos como el medio sobre el que se aplican importan, la magia reside en las yuxtaposiciones inesperadas: una calavera con una copa de Martini, un cuervo y un candelabro, un cubo doméstico y un collar de perlas... Como sucede con la asociación visual de palabras, sin lógica ninguna, también aquí nos encontramos con un empleo de los símbolos que alcanza sus máximas cotas de abstracción, surrealismo y sentido lúdico.

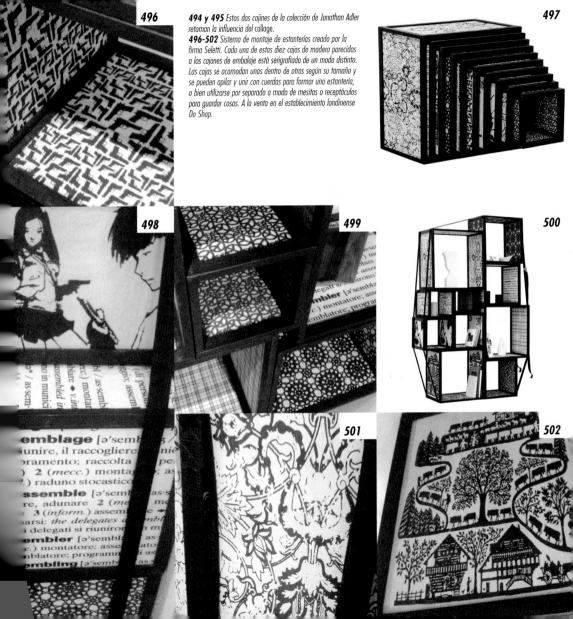

496

494 y 495 Estos dos cojines de la colección de Jonathan Adler retoman la influencia del collage.

496-502 Sistema de montaje de estanterías creado por la firma Seletti. Cada una de estas diez cajas de madera parecidas a los cajones de embalaje está serigrafiada de un modo distinto. Las cajas se acomodan unas dentro de otras según su tamaño y se pueden apilar y unir con cuerdas para formar una estantería, o bien utilizarse por separado a modo de mesitas o receptáculos para guardar cosas. A la venta en el establecimiento londinense Do Shop.

497

498

499

500

501

502

503

505

506

Temas y emociones

3, 505 y 506 Combinando figuras de ajedrez y siluetas
candelabros y camafeos llenas de detalles, la firma Comfort
tion ha creado una línea de joyería que recurre a una
nografía ecléctica.

4 La diseñadora Claire Bradshaw anuncia sus creaciones
tiles —ya de por sí una mezcla de estilos e influencias—
diante esta obra de autopromoción en la que tienen cabida
intos iconos, imágenes y técnicas.

7 Michael Browers describe su tipo de letra isoglífica como
a parodia de la sociedad contemporánea. Estos isoglifos, que
plegan una amplia gama de pictogramas y rinden tributo a
o Neurath, representan «la vida moderna como un tren que
iera descarrilado: ... imperfecta, rota en pedazos, exhibiendo
huellas de la colisión».

8 y 509 Las tarjetas-regalo promocionales de Deuce Design
decoradas con pictogramas convencionales combinados con
ños ad hoc.

508

509

«En mis creaciones combino la naturaleza y la cultura a fin de producir atmósferas vacías que dislocan sus temas y los convierten en tótems. Me sirvo de procesos digitales y manuales para explorar la relación entre pérdida y creación, memoria, tecnología y naturaleza.

Los símbolos y las cartas del *Pelmonismo* se diseñaron originariamente para una exposición que tuvo lugar en la galería VPCream Artes de Lisboa. Son diseños que exploran visualmente la naturaleza temporal de objetos a los que vinculamos nuestro recuerdo y la propia memoria, y que están integrados en juegos y pasatiempos basados en la técnica del reconocimiento.»

Emily Clay, artista

510-512 *El Pelmonismo se basa en el Memorama, un juego de cartas que ejercita la memoria a través de la búsqueda de parejas. En esta creación, la artista Emily Clay utiliza símbolos de objetos cotidianos para explorar los temas de la memoria y la implicación sentimental.*

Señales e información

Música

Tipografía

Medios y tecnologías

Prohibiciones

Señalética

Lengua de signos

Señales viarias

Salud y seguridad

Condiciones meteorológicas

Reciclaje

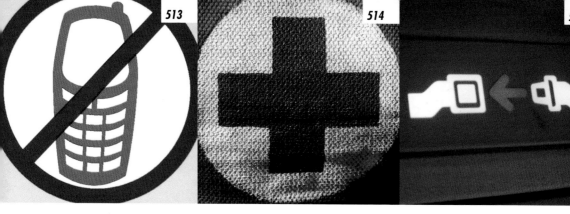

Señales e información

Los signos y los símbolos equivalen a comunicar señales e informaciones. Muchos de los reproducidos en este capítulo reflejan la existencia cotidiana: las señales viarias y los sistemas de orientación hacen nuestras vidas más eficientes, de la misma forma que las predicciones meteorológicas y la señalización relativa a la salud y la seguridad nos ayudan a controlar los riesgos. Hay símbolos informativos inevitables en la vida moderna: nuestro planeta, entre el florecimiento tecnológico y los desastres medioambientales, es testigo de la proliferación simultánea de los símbolos de la tecnología y sus modernos medios, por una parte, y por otra de los signos del ecologismo y las políticas de reciclaje.

También exploraremos en este capítulo los símbolos que llevan siglos comunicando información. Los tipográficos, por ejemplo, resultan esenciales para una comunicación verbal diáfana y precisa, mientras que el lenguaje de signos manuales y la simbología de la notación musical son códigos que sólo comprenden los iniciados.

513 Prohibición de teléfonos móviles.
514 Símbolo de la Cruz Roja.
515 Abróchense los cinturones de seguridad: hay turbulencias.
516 Elemento de señalización viaria en el Reino Unido que alude a una atracción turística.
517 ¿Alguna pregunta?
518 Papel pintado diseñado por Chloe Perron para la firma Rollout con el título «Words Spoken Quieter Than Actions».
519 Punto de información.
520 Este hotel de carretera de llama Arrow («flecha», en inglés), y precisamente una flecha indica su ubicación (fotografía de Jennifer Remias).
521 Partitura antigua.
522 Hoy el tiempo estará soleado con intervalos nubosos.
523 Una muestra de las señales de carretera estadounidenses.
524 Pictograma médico diseñado por Ravi Poovaiah.

Música

La evolución de la moderna notación musical (cuya simbología, aunque familiar para todos, sólo unos pocos entienden) y de sus símbolos ha combinado sistemas separados para la indicación del tono y el ritmo. El monje italiano Guido D'Arezzo consignaba una serie de letras en las líneas de la partitura para indicar su altura tonal, letras que evolucionaron hasta convertirse en las claves que se utilizan hoy en día. D'Arezzo inventó asimismo un sistema para nombrar los grados de la escala utilizando las sílabas iniciales de los versos de un himno latino (ut, re, mi, fa, sol, la), que sirvieron para designar las seis notas de la escala. Posteriormente se añadiría una séptima sílaba –si–, mientras que la ut sería sustituida por la más cantable do: en todo ello se inspirarían un milenio más tarde los compositores Rodgers y Hammerstein para escribir su icónica canción *Do-Re-Mi*. La evolución de la notación rítmica utilizada hoy en día se demoró mucho más que la de la altura tonal: la notación mensural, en la que cada nota posee un valor temporal específico, asumió su formato actual durante el Barroco.

Negras, corcheas, blancas y claves de sol forman una taquigrafía musical al sugerir una melodía, un silbido, un tarareo o incluso el bocinazo de un coche. Los propios instrumentos, representados a modo de siluetas o mediante ilustraciones detalladas, sirven para evocar distintos estilos musicales. Las aberturas de resonancia en forma de f de un violín poseen toda la elegancia de la música clásica, el saxofón nos transmite al instante el concepto del jazz y las guitarras acústicas encierran toda la calidez de la música popular y tradicional.

525 El logotipo de PortalPlayer es un diseño de Michael Braley.
526 Un aficionado a la música se ha tatuado la clave de sol.
527 La música de uno de los grandes éxitos de Elvis.
528 Insignia conmemorativa de la era soviética.
529 Logotipo de una tienda de música.
530 Blancas grabadas en una superficie.
531 Oficinas de la editora musical Carl Fischer (Nueva York).
532 Partitura de Bach.
533 Señalización de una tienda de música.

531

532

533

535

537

538

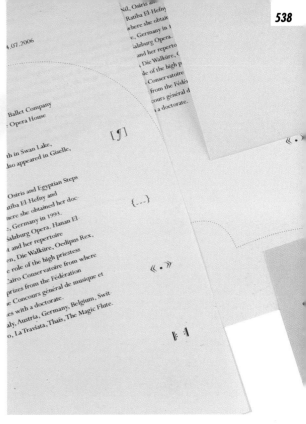

539

540

534 Ilustración de Ben Newman titulada Plinki-Ma-Linki.
535 Notas musicales: clave de sol, semicorchea, corchea, negra, blanca y redonda.
536 Anotaciones musicales: clave de fa, sostenido, bemol, natural.
537-539 Proyecto de diseño para la Ópera de El Cairo en el que se utiliza una notación musical creada por Hanna Schulz.
540 Silencios musicales: de longa, cuadrada, redonda, blanca, negra, corchea, semicorchea.

194-195 **Señales e información**

545

La forma del piano de cola inspira la mesa multifuncional
*…*rto de la marca Lovegrove & Repucci. El tablero tiene
*…*ase de conexión para un iPod, con lo que al tiempo que
*…*rciona una superficie para comer, procura igualmente música
*…*ndo para acompañar cualquier velada.

▶546 La agencia de diseño londinense CDT creó una
*…*de sellos para el servicio postal británico titulada Sounds
*…*tain. La serie venía a subrayar la rica aportación de las
*…*minadas «músicas del mundo» a la diversidad cultural
*…*eino Unido, al ayudar a demoler barreras y vertebrar la
*…*dad. Cada sello recurre a las siluetas de instrumentos,
*…*retes y bailarines para evocar diversos géneros musicales.

… Diseñado por Ocky Murray en el estudio Cog Design,
*…*cartel del Festival de Jazz de Londres correspondiente
*…*edición de 2007 presenta siluetas de instrumentos
*…*ales para sugerir la amplitud y diversidad del programa.
*…*ién aparece el emblema de la emisora Radio 3 de la BBC,
*…*gurado a partir de elementos de la notación musical.

546

547

548 La agencia norteamericana JHI, dedicada al diseño y la imagen de marca, creó un nuevo logotipo para anunciar la 67.ª edición del Festival Nacional de Música Folk. Ello le valió un premio del Richmond Ad Club.

549 Al año siguiente JHI continuó ilustrando el evento con este otro cartel de colección en el que aparecían instrumentos de música folk a fin de conferir al diseño un aire de autenticidad. La obra en cuestión, que sirvió para conmemorar la 68.ª edición del festival, también resultó galardonada al recibir el premio al mejor cartel del Instituto Americano de Artistas Gráficos (AIGA) en el año 2007.

550 Una guitarra de música folk se transforma en árbol en este estampado diseñado por Absolute Zero Degrees para la marca de moda británica Fenchurch.

Tipografía

Si las palabras comunican significados, la puntuación ayuda a que dichas palabras se entiendan. Estos símbolos tipográficos actúan a modo de diminutos postes indicadores en una oración, pues le señalan al lector cuándo ha de hacer una pausa y de qué longitud, le ayudan a diferenciar entre una afirmación y una pregunta y le ofrecen pistas que sugieren la inflexión tonal adecuada.

Algunos signos y símbolos tipográficos han adquirido funciones comunicativas específicas o han sido objeto de apropiación al servicio de aplicaciones que les confieren utilidad por derecho propio. La letra inicial *i* de la palabra *información* se suele aislar para convertirla en el símbolo gráfico de cualquier punto informativo, y gracias a la sintaxis de los correos electrónicos, el signo @ se ha universalizado y se utiliza asiduamente para conferir a cualquier tema connotaciones de alta tecnología.   →

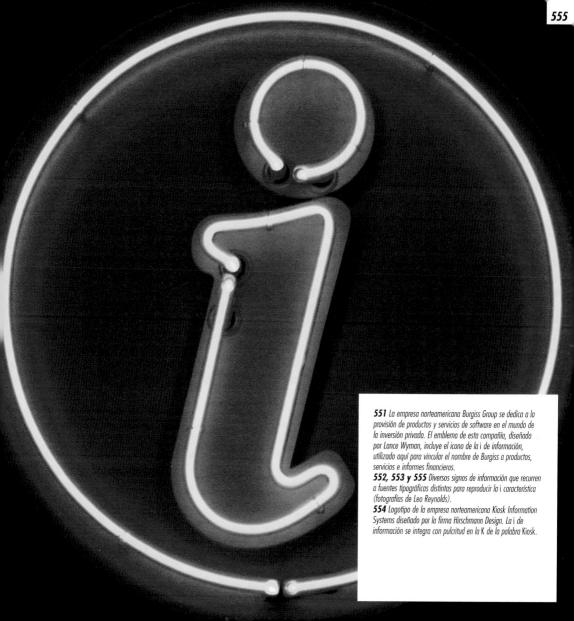

551 La empresa norteamericana Burgiss Group se dedica a la
provisión de productos y servicios de software en el mundo de
la inversión privada. El emblema de esta compañía, diseñado
por Lance Wyman, incluye el ícono de la i de información,
utilizado aquí para vincular el nombre de Burgiss a productos,
servicios e informes financieros.
552, 553 y 555 Diversos signos de información que recurren
a fuentes tipográficas distintas para reproducir la i característica
(fotografías de Leo Reynolds).
554 Logotipo de la empresa norteamericana Kiosk Information
Systems diseñado por la firma Hirschmann Design. La i de
información se integra con pulcritud en la K de la palabra Kiosk.

act:onaid

556 El logotipo de la organización benéfica ActionAid, creado por CDT, incorpora una i invertida que se convierte en signo de exclamación, lo que genera una sensación de urgencia y agranda el impacto del mensaje: «¡Hay que actuar ya!».
557 El signo de exclamación aparece en esta señal de advertencia pintada a mano.
558 Los símbolos lo dicen todo: un punto de atención telefónica.
559 La angustia existencial de la rata que aparece en este grafiti hecho con plantilla se resume en el signo de interrogación de la pancarta.
560 La omnipresente arroba.
561 Logotipo diseñado por Decoder para la empresa What's Your Vine?, especializada en ropa de temática enológica y otros productos relacionados con el mundo del vino.

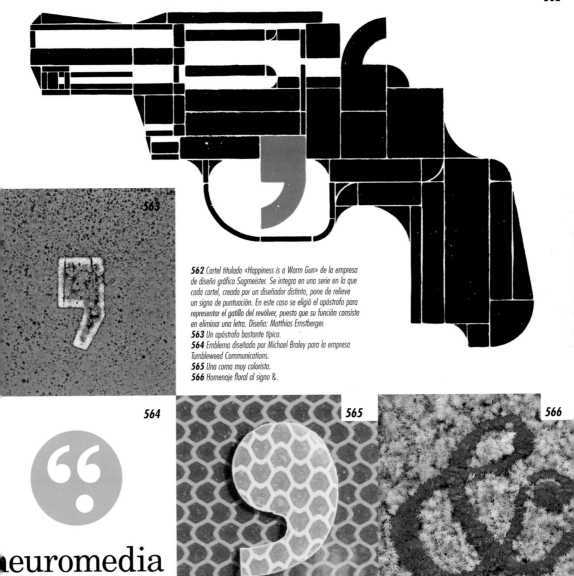

562 Cartel titulado «Happiness is a Warm Gun» de la empresa de diseño gráfico Sagmeister. Se integra en una serie en la que cada cartel, creado por un diseñador distinto, pone de relieve un signo de puntuación. En este caso se eligió el apóstrofo para representar el gatillo del revólver, puesto que su función consiste en eliminar una letra. Diseño: Matthias Ernstberger.
563 Un apóstrofo bastante típico.
564 Emblema diseñado por Michael Braley para la empresa Tumbleweed Communications.
565 Una coma muy colorista.
566 Homenaje floral al signo &.

563

564

565

566

euromedia

PRANCER BY KIERAN

RUDOLPH BY NEXTBIGTHING

567 y 568 Quien quiera mandar felicitaciones navideñas innovadoras, impactantes y bellamente diseñadas puede usar las que ha creado la agencia Nextbigthing. La que aparece en estas imágenes requirió que cada miembro del equipo de diseño gráfico se ocupara de crear, a base de elementos tipográficos, un reno de los que forman el rebaño de Santa Claus. Tomados así como motivos abstractos, dichos signos van formando la cornamenta, los ojos y la nariz del animal. Como en la canción, sólo el reno que se llama Rodolfo se distingue por tener la nariz colorada.

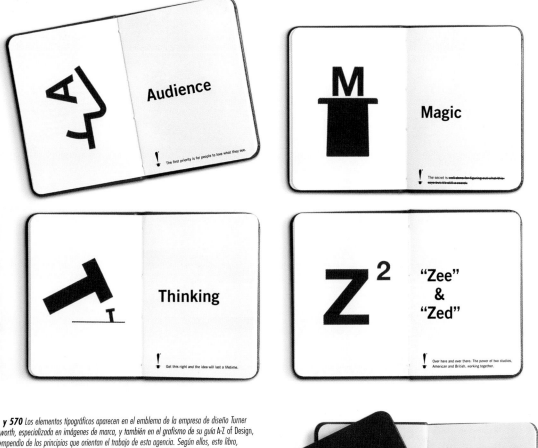

Audience

The first priority is for people to love what they see.

Magic

The secret is ~~well done for figuring out what they says but it's still a secret~~

Thinking

Get this right and the idea will last a lifetime.

Z^2 "Zee" & "Zed"

Over here and over there: The power of two studios, American and British, working together.

y 570 Los elementos tipográficos aparecen en el emblema de la empresa de diseño Turner
worth, especializada en imágenes de marca, y también en el grafismo de su guía A-Z of Design,
mpendio de los principios que orientan el trabajo de esta agencia. Según ellos, este libro,
regalan a sus clientes y a quienes pueden llegar a serlo, ilustra las motivaciones que inspiran
cación de empresa.
ores creativos: David Turner y Bruce Duckworth.
adores: David Turner, Bruce Duckworth, Anthony Biles, Christian Eager.
cción: Jaleen Francois.

This book belongs to:

Paula Carson...

From:
Bruce Duckworth
020 8994 7190
Bruce@TurnerDuckworth.co.uk

→ Determinados símbolos tipográficos se incorporan al diseño en los ámbitos de la comunicación y la identidad corporativa para implicar una capa de significado adicional. Una letra *i*, si la invertimos, se convierte en un signo de exclamación que, a su vez, confiere a la palabra adjunta una sensación de urgencia e importancia. Por otro lado, un signo de interrogación situado estratégicamente sugiere una actitud de curiosidad y deseo de saber. Así, los recursos tipográficos ayudan a transmitir emoción e información al mismo tiempo. De forma alternativa, también se puede ignorar el significado real de letras y signos tipográficos y utilizarlos a ambos de un modo lúdico como elementos abstractos de diseño que pueden ser apreciados por su belleza intrínseca o su utilidad puramente gráfica al margen de lo que denoten.

La noción de diálogo se comunica de forma sucinta gracias a las comillas o mediante el más informal bocadillo de texto. Las comillas poseen un carácter convencional que presta al mensaje una cierta solemnidad: la idea de que tal cita o declaración merece registrarse. Por su parte, los bocadillos se asocian con el cómic contemporáneo, pero su existencia se remonta al siglo XIII, cuando se utilizaban cintas o filacterias para adscribir palabras a los protagonistas de las obras de arte. Los bocadillos de texto actuales son sumamente versátiles: la propia forma que adoptan, en combinaciones con el uso del color, puede servir para comunicar información adicional relativa a la naturaleza del mensaje: por ejemplo, si se trata de un grito, un pensamiento, una emisión de radio o televisión, un susurro o incluso si se transmite alguna emoción determinada.

571 *Cartel de Michael Braley anunciando su conferencia en el evento Ad Club of the Triad en octubre de 2004. En ella, el diseñador gráfico dio una visión desde dentro de su profesión y de los errores más frecuentes que se cometen en ella.*

Don't Tell
On Me

Michael Braley
Greensboro, NC
Ad Club of the Triad
October 27, 2004

«Este papel pintado proporciona un medio lúdico para que las personas puedan interactuar con su propio interior y plasmen luego en la pared un pequeño recuerdo de sí mismas. Gracias al bocadillo de texto de los cómics, la gente puede expresar pensamientos, sean éstos profundos o superficiales. Se parece mucho a la fórmula del grafiti. Al recoger anotaciones anónimas o muy concretas —incluso conversaciones—, el papel pintado se transforma en un collage de recuerdos que pueden ser extravagantes, inteligentes o, con frecuencia, sencillamente triviales.»

Chloe Perron, diseñadora del papel pintado «Words Spoken Quieter Than Actions» para Rollout

572 El papel pintado «Words Spoken Quieter Than Actions», diseñado por Chloe Perron para Rollout, permite que los usuarios llenen las paredes con sus propios comentarios.

Medios y tecnologías

Incluir los nuevos medios de comunicación y tecnologías en un libro como éste no deja de tener sus riesgos, puesto que sus signos y símbolos se pasan de moda tan rápido como las tecnologías que representan, algo que saben muy bien los usuarios de dispositivos como los extraíbles SyQuest, el Laserdisc o los cartuchos de ocho pistas.

Hay dos razones por las cuales los propietarios de las nuevas tecnologías recurren al símbolo: para marcar la propiedad intelectual de la tecnología en cuestión y también para indicar la compatibilidad de un aparato o dispositivo con dicha tecnología. Como la gama de aparatos que se concentran en los dispositivos multifunción es cada vez más amplia, asistimos a un proceso de convergencia que se refleja en los actuales símbolos empleados en los medios tecnológicos. Lo que se valora es disponer de distintas opciones, con tecnologías independientes pero capaces de compartir recursos e interactuar entre sí. Y así, los usuarios buscan la seguridad de ciertos símbolos que les confirman que determinada conexión —por poner un ejemplo— puede realizarse mediante un puerto USB o con tecnología Bluetooth.

Algunos símbolos gozan de una sorprendente longevidad. Ya estamos en pleno siglo XXI, pero seguimos efectuando avances rápidos, rebobinados, reproducciones y grabaciones al dictado de los mismos símbolos de siempre. Los iconos que representan una cámara son también ejemplos de símbolos que han sobrevivido a cambios tecnológicos radicales, y a pesar del rápido tránsito de la tecnología analógica a la digital las funciones básicas de la cámara siguen siendo las mismas. Por ello seguimos viendo en estos aparatos los mismos símbolos duraderos para indicar las condiciones de luminosidad y los modos de retrato, paisaje o primer plano. Además, a éstos se les han añadido otros que tienen sentido

573

575

577

en un contexto digital, tales como el modo víd[...] el sensor antivibraciones o el dispositivo para l[...] reducción de ojos rojos.

573 Icono de un podcast o emisión de radio por Internet.
574 Icono de la tecnología inalámbrica.
575 Icono de la tecnología USB para la transferencia de dat[...]
576 Icono de la tecnología Firewire para la transferencia de [...]
577 Icono del formato RSS, que se utiliza, al igual que el formato Atom, para la redifusión de contenidos en Internet.
578 Selección de iconos alusivos a los medios tecnológicos[...]

579 Selección de iconos relacionados con la fotografía: configuración de la distancia, luminosidad y apertura de diafragma.
580 Logotipo de la Galería Fotonauta de Barcelona diseñado por Lance Wyman.

Prohibiciones

A veces tenemos la sensación de que la sociedad moderna prohíbe más cosas de las que permite, y ello quizá pueda deberse a la proliferación del conocido círculo rojo cruzado por una diagonal del mismo color. Se trata de un signo originalmente nacido como elemento de la señalización viaria cuyo significado era denotar la prohibición de una maniobra (prohibido girar a la izquierda o prohibido aparcar, por ejemplo). En la actualidad, sin embargo, se lo apropian autoridades e individuos para restringir todo tipo de actividades indeseables, con mayor o menor criterio según los casos.

En resumen, el círculo rojo y la línea diagonal significan el no, el veto: prohibido el acceso de perros a la playa, prohibido hacer fotografías en el interior de la exposición, prohibido fumar en el taxi... He aquí un símbolo reconocido internacionalmente que elimina la necesidad de recurrir a un lenguaje verbal tal vez ininteligible. La combinación del rojo, el blanco y el negro se respeta casi siempre, ya que ofrece un contraste y visibilidad óptimas.

581 La vida es una playa, aunque no para los perros en este enclave costero.
582 Prohibido comer manzanas.
583 Prohibido practicar deportes sobre ruedas.
584 El diseñador estadounidense Josh Owen creó este cenicero que bautizó con el nombre «Don't» para la firma de diseño Kikkerland. Basado en el conocido icono de la prohibición, disuade al fumador, pero ofreciéndole al mismo tiempo un lugar para tirar las colillas y cenizas.
585 Prohibido pescar.
586 Prohibido subirse al tranvía.
587 Prohibido dar de comer a las aves y otros animales.
588 Absténganse de tomar fotografías.
589 Prohibido aparcar: aviso a la grúa.

EAST R1
OF YORKSHIRE COL

NO DOGS ON BEACH
1st MAY - 30th SEPT
MAXIMUM PENALTY £500

582

584

585

586

587

588

589

ENLÈVEMENT
DEMANDÉ

GET A LIFE

BIN THAT KNIFE

La señal de prohibición de toda la vida, aquí ...ada para transmitir un mensaje de interés social: ...la vida, no a las armas blancas» (fotografía ...o Reynolds).
Selección de señales utilizadas en los espacios ...cos para prohibir actividades indeseables o proteger ...guridad de las personas.

Señalética

El término *señalética* se refiere a la función de guiar u orientar a las personas en un espacio construido. Desde museos a estadios, pasando por hospitales y centros de exposiciones, los sistemas señaléticos bien diseñados facilitan la vida al usuario. En inglés se suele usar el término *Wayfinding,* que acuñó en 1960 el urbanista Kevin A. Lynch. En su libro *La imagen de la ciudad,* Lynch afirmaba que navegamos por la urbe construyéndonos una cartografía mental asentada

en cinco elementos clave: sendas, bordes o límites, barrios, nodos y mojones o hitos.

En 1984 el estudioso de la psicología ambiental Romedi Passini amplió el alcance de aquel concepto para incluir en él los sistemas de señalización y comunicación gráfica, la información sensorial (sobre todo auditiva y táctil), el planeamiento espacial de calidad y la atención a los usuarios con necesidades especiales. →

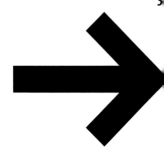

2 La agencia de diseño londinense CDT realizó el sistema
señalización y orientación del Parlamento escocés en
nburgo, y ello le valió el premio al mejor diseño de
rmación señalética concedido por la Sign Design Society.
o sistema conjuga de un modo equilibrado accesibilidad,
ionalidad, calidad y estética.

593 y 594 Pictogramas, elementos tipográficos y mapas
táctiles diseñados por la agencia CDT. La señalización aparece
en inglés, gaélico y braille, a lo que hay que sumar las pantallas
táctiles que ofrecen información en otros quince idiomas.
Todo ello supera los habituales criterios de excelencia con
los que funcionan los espacios públicos de la Administración.

595-597 El sistema de señalización y orientación del
Parlamento escocés delimita claramente las zonas públicas,
los espacios reservados a los políticos y los elementos
funcionales de la planta sótano.

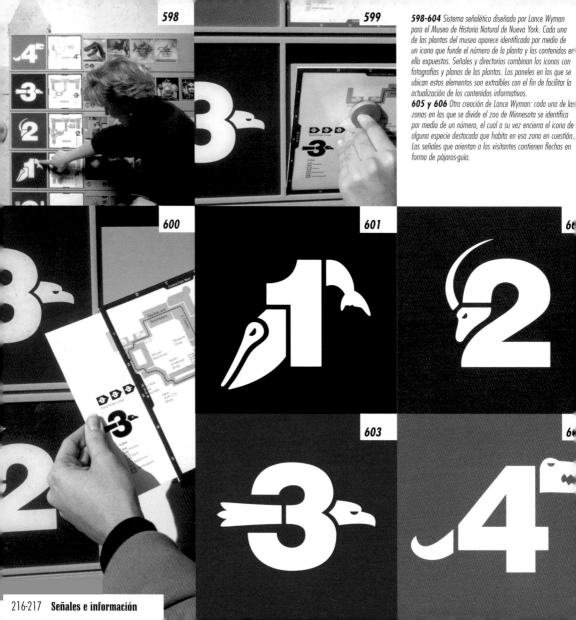

598 **599**

598-604 Sistema señalético diseñado por Lance Wyman para el Museo de Historia Natural de Nueva York. Cada una de las plantas del museo aparece identificada por medio de un icono que funde el número de la planta y los contenidos en ella expuestos. Señales y directorios combinan los iconos con fotografías y planos de las plantas. Los paneles en los que se ubican estos elementos son extraíbles con el fin de facilitar la actualización de los contenidos informativos.

605 y 606 Otra creación de Lance Wyman: cada una de las zonas en las que se divide el zoo de Minnesota se identifica por medio de un número, el cual a su vez encierra el icono de alguna especie destacada que habita en esa zona en cuestión. Las señales que orientan a los visitantes contienen flechas en forma de pájaros-guía.

600 **601** **6**

603 **6**

607 由此下山 Way down The Commune

608 大通铺 Shared House

石头场院 Rock Field

610 三号别墅 "See" and "Seen" House

611 家俱屋 Furniture House

怪院子 Distorted Courtyard House

613 土宅 Split House

614 森林小屋 Forest House

由此上山 Way up the Great Wall

飞机场

"Airport"

607-616 *El proyecto La Comuna («Commune by the Great Wall»), ubicado en el valle de Shuiguan —no lejos de Pekín— es una colección de arquitectura contemporánea de carácter privado que han diseñado doce destacados creadores asiáticos. Cada una de las casas que componen el conjunto se puede alquilar, y el lugar está abierto al público, de ahí que las distintas viviendas muestren una señalización en chino y en inglés, para que los visitantes internacionales las identifiquen y se orienten en el conjunto. Desde allí se puede llegar también a la Gran Muralla China siguiendo las flechas indicadoras.*

→ Todas estas consideraciones resultan cruciales para cualquier iniciativa moderna en el ámbito de la señalética, ahora que son numerosas las consultorías especializadas en el análisis, planificación e implementación de este tipo de sistemas.

Los conjuntos señaléticos incorporan iconos y pictogramas, información gráfica y escrita, así como esquemas compuestos mediante códigos de colores, todo ello para construir una arquitectura de la orientación y la señalización que tiene consecuencias psicológicas, económicas y de seguridad en los edificios y espacios públicos. Un sistema señalético bien diseñado puede reducir los niveles de estrés de los pacientes de un hospital, promover la eficiencia de una empresa y garantizar la seguridad en las aglomeraciones públicas.

El tratamiento gráfico de los iconos se puede acomodar al propósito y contenido de un edificio, promoviendo así la identidad e imagen corporativa de un espacio. Al margen de estas consideraciones, la señalética no pretende otra cosa que procurar indicaciones claras y sencillas, por lo que su símbolo protagonista es la flecha. Las flechas —y los punteros o agujas indicadoras— han sido utilizadas para orientar a la gente desde mucho antes de que surgiera la disciplina de la señalética. A veces no pasan del sencillo dibujo de una línea, mientras que en otras ocasiones se trata de complicados diseños con cabezas y plumas ornamentales. Una moda que ha vuelto recientemente en el mundo de la representación gráfica (y que nos recuerda el estilo de los cartelistas victorianos) es la de sustituir la flecha por una mano. Ésta aporta un matiz más cálido a la indicación.

617 Señalética de andar por casa: una flecha dibujada a mano.
618 Este elemento de señalización incorpora una flecha que recuerda el fiel de una balanza.
619 Esta refinada señal indicadora francesa ha sido realizada en esmalte de color azul.
620 Flecha esculpida a mano en un itinerario campestre.
621, 623 y 624 Elegantes flechas con ornamentaciones sofisticadas.
622 Los elementos de diseño creados por la empresa Turner Duckworth para el restaurante de Scott Howard incluyen esta estilizada zanahoria que refleja la obsesión del chef por conseguir en todo momento los mejores ingredientes de la temporada. Además, sirve de señal indicadora, pues muestra el acceso al local desde la calle.
Directores creativos: David Turner y Bruce Duckworth.
Diseñadores: David Turner y Jonathan Warner.

625 La firma Absolute Zero Degrees creó algunos originales símbolos, como el motivo de la mano indicadora, en el diseño de este folleto que anuncia una promoción inmobiliaria en un barrio elegante del norte de Manchester.

626 Los cojines de la serie J'Accuse, diseñados por Jonathan Adler, muestran en su fina labor de bordado una mano que indica una dirección con el dedo.

627 y 630 La señal de la mano indicadora implica un gesto cordial de sabor nostálgico.

628 Una flecha regordeta y de estilo retro en un escaparate de Amberes.

629 No es difícil convertir una plancha de madera en una flecha, como vemos en esta imagen tomada en la zona de Dashanzi, el barrio bohemio de moda en Pekín.

631 Esta señal, que puede verse en las calles de Moscú, utiliza una flecha rota para indicarnos algo que se encuentra a la vuelta de la esquina.

635

OCEAN DR

STREET

STOP

PROPERTY OF MIAMI-DADE RI-1

636

24 HOUR PARTY PEOPLE

DRUG DRIVING.
NOT A SAFE TRIP.

637

WHERE'S YOUR HEAD AT

DRUG DRIVING.
NOT A SAFE TRIP.

638

24 HOUR PARTY PEOPLE

DRUG DRIVING.
NOT A SAFE TRIP.

→ sistema coherente para las carreteras y autopistas desde finales de los cincuenta hasta mediados de los sesenta. Imbuidos del optimismo de la posguerra, esta pareja de profesionales sustituyó el confuso revoltijo de señales de tráfico entonces vigente por un sistema a base de rótulos, colores, formas y símbolos. Desarrollaron incluso un nuevo tipo de letra —la Transport— que mejoraba la fuente denominada Aksidenz Grotesk para dar un aspecto más amigable que el de la brusca rotulación del resto de Europa. Sin embargo, para los pictogramas sí se adoptó el modo europeo, para lo cual Calvert inventó muchos de los símbolos necesarios inspirándose en aspectos de su vida: la vaca que advierte de la presencia de animales domésticos en la calzada se basó en *Patience,* una vaca de verdad que vivía en la granja de unos parientes de la diseñadora. El sistema británico, aún vigente, se ha convertido en referente mundial. Según Margaret Calvert, el principio esencial que les inspiró fue la pura transmisión de información: «Nunca nos lo planteamos como una cuestión de estilo. Nuestra meta era llegar a lo absolutamente esencial. ¿Cómo simplificar el aspecto para obtener el máximo significado con el mínimo coste?».

Las señales de carretera de color marrón con figuras en blanco se utilizan para indicar lugares de especial interés cultural o recreativo. Se colocan junto al arcén para indicar a los visitantes la dirección en la que se encuentra el destino turístico buscado. La codificación cromática de estas señales las hace claramente diferentes de las indicaciones convencionales, y en ellas se emplean una gran diversidad de símbolos que ilustran distintos tipos de atractivos turísticos o instalaciones, desde un parque de atracciones a una reserva de la naturaleza, pasando por una fortaleza romana o un museo de automóviles antiguos.

639 Una muestra de las señales que se usan en el Reino Unido para indicar localizaciones de interés turístico.

640

643

«Michael Pinsky, comisario de "Lost O", se afana por conferir significados nuevos y subversivos a los objetos de su alrededor. Opta por recontextualizarlos en lugar de añadir más cachivaches a un mundo ya saturado de ellos, y así reúne una dispar colección de señales viarias inservibles por efecto del proyecto europeo "Espacio compartido". Privadas de su funcionalidad original, estas señales se nos antojan altivas y hasta vigilantes con su terco porte erguido. Vistas por delante, siguen insistiendo en la necesidad de ceder el paso, nos anuncian como antes el fin del carril bici y proclaman la aparición de una calle cortada. Pero por detrás nos mostrarán unos dorsos metálicos limpios y desnudos cual esculturas ultraabstractas.»

Richard Cork, crítico de arte

640-645 «Lost O» es el nombre de un programa de arte público de carácter temporal creado en homenaje a Breaking Boundaries, una iniciativa innovadora del condado de Kent destinada a sustituir la circunvalación de un solo sentido de la localidad de Ashford (la «O Perdida» a la que alude el título del programa) por un espacio compartido entre peatones y automóviles. La instalación de Michael Pinsky que aparece en las fotografías fue una de las varias obras de artistas internacionales que formaron parte del proyecto.

Salud y seguridad

Existen varios símbolos asociados a la medicina y las profesiones sanitarias. Uno de ellos, típico en la simbología farmacéutica actual, es la serpiente, icono durante la Edad Media de la sabiduría, la inmortalidad y la curación. Presenta distintas variantes: muy conocida resulta la sierpe de Epidauro que aparece enroscada en la vara de Asclepio (uno de los dioses griegos de la medicina) y figura, por ejemplo, en el escudo de la Real Sociedad Farmacéutica británica. Una variación habitual del mismo tema es la serpiente en torno a la copa de Higeia, hija de Asclepio y diosa griega de la salud. Igualmente tenemos el caduceo, las dos serpientes confrontadas alrededor de una vara cuya imagen se utiliza asiduamente como símbolo del mundo médico, o bien la serpiente enrollada a una palmera que usan como emblema los organismos farmacéuticos de Francia y Portugal.

También se suele recurrir a los útiles del oficio. Así, la damajuana, un recipiente de vidrio de base en forma de bulbo y cuello corto y estrecho, suele estar presente en las vitrinas de las farmacias y albergar en su interior líquidos de vivos colores. Hay que citar igualmente el mazo y el mortero, un icono que se combina →

646-648, 650, 658 y 659 La cruz roja fue sustituida por la cruz verde a principios del siglo XX.
649 El logotipo de la empresa de tecnología médica Cathcare, especializada en catéteres, es una creación de Hirschmann Design.
651 La serpiente y la copa de Higeia.
652 y 655 El mazo y el mortero con el signo Rx.
653 Logotipo de identidad corporativa diseñado por Hirschmann Design para la firma Boulder Associates, especializada en arquitectura sanitaria.
654 La serpiente de Epidauro en la vara de Asclepio.
656 Damajuana para su exposición en el escaparate de una farmacia.
657 y 660 Pictogramas médicos diseñados para los hospitales públicos de la India por Ravi Poovaiah.

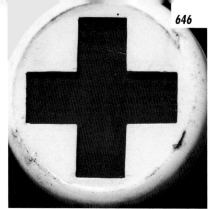

646

64

648

64

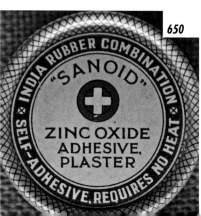

650

65

652

653

654

655

656

657

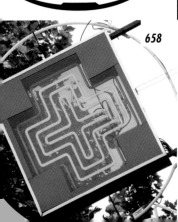

658

659

GREEN CROSS
FOR SAFETY

660

→ a veces con el signo *Rx* que encabeza las recetas médicas. Aunque se acepta de modo universal que este último representa la palabra latina *recipe* («toma»), también se ha sugerido que tiene que ver con el signo astronómico del planeta Júpiter.

La cruz verde, un símbolo conocidísimo hoy en día, se introdujo por primera vez como emblema farmacéutico en la Europa continental a principios del siglo xx para reemplazar a la cruz roja, que al haber sido adoptada por la Cruz Roja Internacional en 1863 requería una alternativa.

La ley obliga a exhibir símbolos que comuniquen informaciones e instrucciones en los lugares públicos y los espacios de trabajo. Su diseño viene regulado por la ISO (Organización Internacional para la Normalización), y en él los códigos de colores desempeñan un papel muy importante. El rojo se utiliza para las señales informativas que tienen que ver con la seguridad general o para las que están relacionadas con las medidas de seguridad contra incendios y comunican la localización de los equipos de extinción, las salidas y las actuaciones que están permitidas.

Conforme a la normativa ISO, todos los símbolos alusivos a obligaciones deben tener un fondo azul. Nos referimos a esas señales que se suelen ver en los espacios de trabajo industriales o en los accesos a las obras y que comunican precauciones que hay que adoptar a fin de evitar riesgos laborales: llevar ropas de protección, utilizar vallas de seguridad o lavarse las manos, por ejemplo.

661 *Los extintores de incendios llevan etiquetas con signos y símbolos que aportan información de vital importancia sobre temas de seguridad.*
662 *Una selección de señales de seguridad que, conforme al código de colores aplicable, son en este caso rojas.*

Fire extinguisher

Fire hydrant

Fire telephone

Fire alarm

FIRE

HOSE

EXIT

Fire alarm call point

EXIT

Foam

663 Señales indicadoras de actuaciones obligatorias que, en cumplimiento de la normativa ISO, han de tener un fondo azul. Se ven frecuentemente en los lugares de trabajo y a la entrada de las obras.
664 Esta señal indica el uso obligatorio de gafas de protección, aunque algún trabajador le ha dado su toque personal.

Condiciones meteorológicas

En el complejo mundo de las predicciones meteorológicas, las observaciones fiables y los datos precisos son las *herramientas del oficio* esenciales. Las observaciones registradas por las estaciones meteorológicas se representan gráficamente conforme a un sistema de cien «símbolos meteorológicos actuales» desarrollado por la Organización Meteorológica Internacional. Éstos facilitan la simplificación de observaciones muy detalladas en un sistema codificado que informa sobre la tipología, alcance temporal y severidad de las condiciones observadas. La información refleja con exactitud la situación meteorológica hasta una hora antes, para dar una idea bastante precisa de si determinadas condiciones se están intensificando o suavizando.

Por suerte, cuando se trata de transmitir la predicción del tiempo los símbolos son más sencillos, con iconos que representan condiciones bien tangibles: sol, lluvia, nieve, nubosidad o viento. Son símbolos de comprensión universal que han adoptado connotaciones más allá de la esfera meteorológica. Por ejemplo, los fabricantes de ropa de seguridad usan a veces símbolos similares para indicar el grado de defensa que ofrece una prenda en condiciones adversas. Así resulta fácil comprobar hasta qué punto una prenda de abrigo puede protegernos frente a temperaturas extremas o si aguantará el viento nuestra tienda de campaña.

665 Estos sencillos símbolos meteorológicos resumen la predicción del tiempo para el gran público.
666 En total, el Servicio de Meteorología británico (Met Office) cuenta con cien códigos para registrar las condiciones que se dan en el momento de realizarse las correspondientes observaciones:

1.ª fila, de izquierda a derecha: Nubes en desarrollo no observadas u observables/Nubosidad en disolución o en desarrollo decreciente/Estado del cielo en general sin cambios/Nubosidad en desarrollo o formación con carácter general/Visibilidad reducida por humo en la atmósfera/Bruma/Polvo en suspensión generalizado no provocado por el viento en la estación o en sus inmediaciones en el momento de la observación/Polvo o arena provocados por el viento en la estación o en sus inmediaciones en el momento de la observación, pero sin remolinos de polvo bien formados ni tormenta de arena apreciable; o, en el caso de embarcaciones, roción en la estación/remolino(s) de polvo o arena bien formados avistados en la estación o en sus inmediaciones durante una hora antes o en el momento de la observación, pero sin tormenta de polvo o de arena/Tormenta de polvo de arena visible en el momento de la observación, o en la estación durante una hora antes.

2.ª fila, de izquierda a derecha: Neblina/Bancos de niebla de superficie o de niebla de hielo/Niebla de superficie más o menos continua o niebla de hielo de menos de 2 metros en tierra o de 10 metros en el mar/Rayos visibles sin truenos audibles/Precipitación a la vista que no alcanza el suelo o la superficie del mar/Precipitación a la vista que alcanza el suelo o la superficie del mar, pero lejana (a más de 5 km de la estación)/Precipitación a la vista que alcanza el suelo o la superficie del mar en las inmediaciones de la estación, pero no en ella/Tormenta eléctrica, pero sin precipitación en el momento de la observación/Ráfagas tormentosas a la vista de la estación durante una hora antes o en el momento de la observación/Nube(s) en embudo durante una hora antes o en el momento de la observación.

3.ª fila, de izquierda a derecha: Llovizna (sin helada) o granos de nieve que no caen en forma de chubascos/Lluvia (sin helada) que no cae en forma de chubascos/Nieve que

no cae en forma de chubascos/Lluvia y nieve o perdigones de hielo que no caen en forma de chubascos/Llovizna helada o lluvia helada que no cae en forma de chubascos/Chubasco(s) de lluvia/Chubasco(s) de nieve, o de agua y nieve/Chubasco de granizo, o de lluvia y granizo/Niebla o niebla de hielo/Tormenta eléctrica (con o sin precipitación).

4.ª fila, de izquierda a derecha: Tormenta de polvo o de arena leve o moderada que ha disminuido durante una hora antes/Tormenta de polvo o de arena leve o moderada, sin cambios apreciables durante una hora antes/Tormenta de polvo o de arena leve o moderada que ha aumentado durante una hora antes/Tormenta de polvo o de arena intensa que ha disminuido durante una hora antes/Tormenta de polvo o de arena intensa sin cambios apreciables durante una hora antes/Tormenta de polvo o de arena intensa que ha empezado o ha aumentado durante una hora antes/Ventisca leve o moderada, por lo general baja (por debajo del nivel de los ojos)/Ventisca fuerte por lo general baja (por debajo del nivel de los ojos)/Ventisca leve o moderada, por lo general alta (por encima del nivel de los ojos)/Ventisca fuerte por lo general al (por encima del nivel de los ojos).

5.ª fila, de izquierda a derecha: Niebla o niebla de hielo a cierta distancia en el momento de la observación, pero no en la estación durante una hora antes, extendiéndose hasta alcanza un nivel por encima del observador/Niebla o niebla de hielo en bancos/Niebla o niebla de hielo con cielo visible que se ha vuelt menos densa durante una hora antes/Niebla o niebla de hielo con cielo visible que se ha vuelto menos densa durante una hora antes. Niebla o niebla de hielo con cielo oscurecido sin cambios apreciables durante una hora antes/Niebla o niebla de hielo con cielo oscurecido sin cambios apreciables durante una hora antes/Niebla o niebla de hielo con cielo visible que ha empezado o se vuelto más densa durante una hora antes/Niebla o niebla de hielo con cielo oscurecido que ha empezado o se ha vuelto más denso durante una hora antes/Niebla o niebla de hielo con cielo visible/Niebla o niebla de hielo con cielo oscurecido.

6.ª fila, de izquierda a derecha: Llovizna, sin helada, d carácter intermitente, leve en el momento de la observación/Llovizna, sin helada, de carácter continuo, leve en el momento de la observación/Llovizna, sin helada, de carácter intermiten moderada en el momento de la observación/Llovizna, sin helada, de carácter continuo, moderada en el momento de la observación/Llovizna, sin helada, de carácter intermitente, fuerte (densa) en el momento de la observación/Llovizna, sin helada, de carácter continuo, fuerte (densa) en el momento d la observación/Llovizna, con helada, leve/Llovizna, con helad moderada o fuerte (densa)/Llovizna y lluvia, leves/Llovizna y lluvia moderadas a fuertes.

7.ª fila, de izquierda a derecha: Lluvia, sin helada, de carácter intermitente, leve en el momento de la observación/Lluvia sin helada, de carácter continuo, leve en el momento de observación/Lluvia, sin helada, de carácter intermitente, moderc en el momento de la observación/Lluvia, sin helada, de carácte continuo, moderada en el momento de la observación/Lluvia,

665

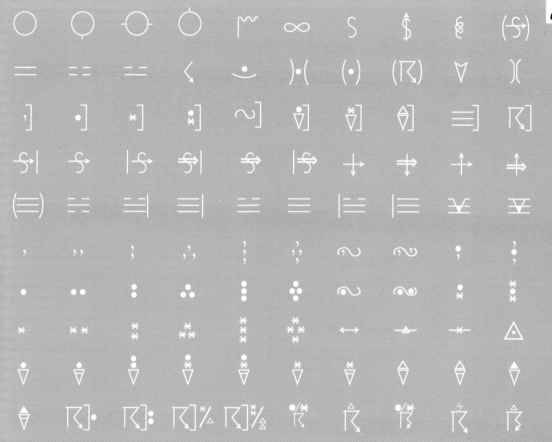

sin helada, de carácter intermitente, fuerte en el momento de la observación/Lluvia, sin helada, de carácter continuo, fuerte en el momento de la observación/Lluvia, con helada, leve/Lluvia, con helada, moderada o fuerte/Lluvia o llovizna y nieve, leve/Lluvia o llovizna y nieve, moderada o fuerte.

8.ª fila, de izquierda a derecha: *Precipitación de copos de nieve de carácter intermitente, leve en el momento de la observación/Precipitación de copos de nieve de carácter continuo, leve en el momento de la observación/Precipitación de copos de nieve de carácter intermitente, moderada en el momento de la observación/Precipitación de copos de nieve de carácter continuo, moderada en el momento de la observación/Precipitación de copos de nieve de carácter intermitente, fuerte en el momento de la observación/Precipitación de copos de nieve de carácter*

continuo, fuerte en el momento de la observación/Prismas de hielo (con o sin niebla)/Granos de nieve (con o sin niebla)/Cristales de nieve aislados en forma de estrella (con o sin niebla)/Perdigones de hielo.

9.ª fila, de izquierda a derecha: *Chubasco(s) de lluvia, leves/Chubasco(s) de lluvia, moderados o fuertes/Chubasco(s) de lluvia, intensos/Chubasco(s) de agua y nieve mezcladas, leves/Chubasco(s) de agua y nieve mezcladas, moderados o fuertes/Chubasco(s) de nieve, leves/Chubasco(s) de nieve, moderados o fuertes/Chubasco(s) de perdigones de nieve o granizo pequeño, con o sin lluvia, o agua y nieve mezcladas, leves/Chubasco(s) de perdigones de nieve o granizo pequeño, con o sin lluvia, o agua y nieve mezcladas, moderados o fuertes/Chubasco(s) de granizo, con o sin lluvia, o agua y nieve mezcladas, sin truenos, leves.*

10.ª fila, de izquierda a derecha: *Chubasco(s) de granizo, con o sin lluvia o lluvia y nieve mezcladas, sin truenos, moderados o fuertes/Lluvia leve en el momento de la observación/Lluvia moderada o fuerte en el momento de la observación/Nieve, o lluvia y nieve mezcladas, o granizo, de carácter leve, en el momento de la observación/Nieve, o lluvia y nieve mezcladas, o granizo, de carácter moderado o fuerte, en el momento de la observación/Tormenta eléctrica, leve o moderada, sin granizo pero con lluvia y/o nieve en el momento de la observación/Tormenta eléctrica, leve o moderada, con granizo en el momento de la observación/Tormenta eléctrica, fuerte, sin granizo pero con lluvia y/o nieve en el momento de la observación/Tormenta eléctrica combinada con tormenta de polvo o arena en el momento de la observación/Tormenta eléctrica, fuerte, con granizo en el momento de la observación.*

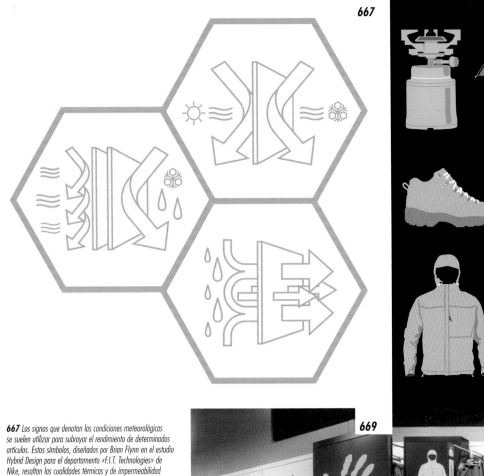

667 Los signos que denotan las condiciones meteorológicas se suelen utilizar para subrayar el rendimiento de determinados artículos. Estos símbolos, diseñados por Brian Flynn en el estudio Hybrid Design para el departamento «F.I.T. Technologies» de Nike, resaltan las cualidades térmicas y de impermeabilidad de ciertas prendas (Dri-F.I.T., Storm-F.I.T. y Therma-F.I.T.).
668-671 Estos iconos, diseñados por la agencia de diseño Dalziel & Pow para la firma Blacks, especializada en la venta de artículos destinados a las actividades al aire libre, se usan en los establecimientos comerciales para identificar secciones, y en los propios productos para subrayar determinadas especificaciones relativas a su rendimiento.

669

240-241 **Señales e información**

EXTRA PROOFING	DON'T FORGET	WATERPROOF RATING	RING AND PIN SYSTEM	NO SEE UV MESH	WINDPROOF RATING
		 HIGH			 HIGH

PROTECTION	OPTIMAL USE	BREATHABILITY	ADJUSTABLE BACK SYSTEM	SUN PROTECTION FACTOR	ADJUSTABLE BACK SYSTEM
 STEEL TOECAP	 WALKING	 HIGH		 30+	

WEIGHT	COLDPROOF RATING	HYDRATION COMPATIBLE	CAPACITY	RIPSTOP FABRIC	TAPED SEAMS
 LIGHTWEIGHT	 VERY COLD		 25 LITRES		

PACK SIZE	EXTREME TEMPERATURE	COMFORT TEMPERATURE	AIRFLOW BACK SYSTEM	CAPACITY	INFORMATION
 38cm x 19cm	 -10°C	 -5°C to +10°C		 10	

COLOUR CODED POLES	ANTI-BUG TREATMENT	FIRE RETARDANT	ANTI-BACTERIAL TREATMENT	INTERNAL LIGHTING	RAIN COVER
		 FR	 AB		

672 Selección de iconos vectoriales de un copo de nieve.

673 Nitin: Snow es el título de este libro de exclusiva edición que ha diseñado la agencia norteamericana konnectDesign para publicar una serie de imágenes captadas por la cámara del fotógrafo Nitin en la nevada Vancouver. La cubierta táctil, hecha de un material denominado Nytek Novasuede, lleva un relieve con el logotipo de Nitin, que presenta la forma de un copo de nieve.

674 La agencia JHI colaboró con el ilustrador James Kraus para desarrollar una serie de iconos que funcionan como emblemas de la gama de productos y servicios ofrecidos por una empresa dedicada a la fabricación de sensores meteorológicos. Desde el cuadrante superior izquierdo, y en el sentido de las agujas del reloj: Freeze-Clik (sensor de temperatura), Mini-Clik (sensor de lluvia), Servicio de aten al cliente y Wind-Clik (sensor de viento).

废物回收（塑料）

可回收物

Recyclable

废物回收（玻璃、金

Reciclaje

Destinado a convertirse en el icono de este siglo, el símbolo del reciclaje resume la *ecoansiedad* de los tiempos modernos. Sus orígenes históricos se remontan al primer Día de la Tierra, que se celebró en 1970, cuando la empresa fabricante de cartón reciclado Container Corporation of America puso en marcha un concurso dirigido a estudiantes de arte y diseño con el fin de crear un símbolo que sirviera para concienciar a la opinión pública a propósito de las cuestiones medioambientales. El ganador fue Gary Anderson, y su diseño de las tres flechas formando una banda de Moebius se ha convertido en la actualidad en el símbolo universal del reciclaje.

No siendo el dibujo una marca registrada, cualquier producto reciclado puede exhibirlo con toda libertad. Distintas organizaciones nacionales y locales usan variaciones de este diseño para promover sus respectivos proyectos. Una de las más conocidas en Europa es la que se denomina Der Grüne Punkt («el Punto Verde»), que indica que el fabricante de determinado producto ha suscrito un contrato por el que se compromete a contribuir al coste de recuperar y reciclar sus envases.

675-677, 679 y 682 *Una muestra de signos chinos que se aplican al reciclado y uso ecológico del agua.*
678, 680, 681 y 684-686 *Los contenedores para la recogida de vidrio y latas y los cubos de reciclaje exhiben diversas variantes de los signos del reciclaje que han ido desarrollándose al hilo de las distintas iniciativas individuales. Complementariamente, esos signos proporcionan instrucciones dirigidas al público y destinadas a garantizar la correcta separación de los residuos.*
683 *Los envases que llevan el símbolo de Der Grüne Punkt («el Punto Verde») prometen al usuario que el fabricante del producto contribuirá a sufragar el coste de recuperar y reciclar dichos envases.*
687 *Diversos símbolos de carácter ecológico.*
688 *El símbolo original del reciclaje que diseñó Gary Anderson en 1970 no es una marca registrada y puede usarse para cualquier propósito justificado.*

GLASS

请节约用水
Conserve Water ! It's Precious.

MTR
Property Management

making the mo
of your donatio

681

Containers

All containers must be emptied, rinse[d] with caps discarded.

e-Top' tons

aerosol cans

metal cans

drink boxes

glass bottles & jars

green
brown
clear

plastic bottles & jars

1 and 2

only

682

其它垃圾
Other waste

683

DER GRÜNE PUNKT

684

♥recycle
for London

685

Cans & Metal

350ml

686

SERVE AU VERRE

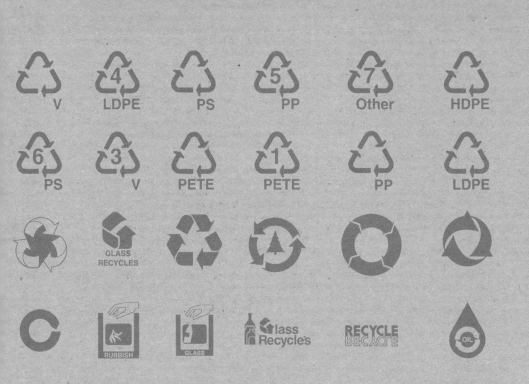

Apéndice

Índice

Colaboradores

Diseñadores y proveedores que aparecen en este libro

2Fresh
www.2fresh.com

Absolute Zero Degrees
www.absolutezerodegrees.com

Anna Lewis
www.annalewisjewellery.co.uk

Ben Newman
www.bennewman.co.uk

Blink
www.blinktiles.co.uk

Brooklyn Industries
www.brooklynindustries.com

Cabin Project para Motherbrand
www.motherbrand.com

Caren Garfen
caren.garfen@btconnect.com

CDT
www.cdt-design.co.uk

Claire Bradshaw
claire_844@hotmail.com

Cog Design
www.cogdesign.com

Comfort Station
www.comfortstation.co.uk

Dalziel + Pow
www.dalziel-pow.co.uk

Deuce
www.deucedesign.com.au

Do
www.do-shop.com

Emily Clay
www.pelmonism.com

Erica Wakerly
www.printpattern.com

**Esther Bruna, Silke Muszynski
y Hanna Schulz**
nurfuerhanna@gmx.de

silke.muszynski@gmx.de

esther_bruna@web.de

Hatch
www.hatchsf.com

Heather Moore/Skinny La Minx
www.skinnylaminx.com

Hemingway Design
www.hemingwaydesign.co.uk

Hybrid Design
www.hybrid-design.com

Hirschmann Design
www.hirschmanndesign.com

**I.D. (The International Design
Magazine)**
www.idonline.com

Identica
www.identica.co.uk

Inseq
www.inseq.net

James F. Kraus
www.artguy.com

Jenny Orel/Olga Baby
www.roteprinzessin.de

JHI
www.jhigoodidea.com

Jonathan Adler
www.jonathanadler.com

Jorge Jorge
www.jorgejorge.com

Josh Owen
www.joshowen.com

kidrobot
www.kidrobot.com

konnectDESIGN
www.konnectdesign.com

Lance Wyman
www.lancewyman.com

Lizzie Allen
www.lizzieallen.co.uk

Lorena Barrezueta
www.lorenabarrezueta.com

Lost O
www.losto.org

Lovegrove and Repucci
www.lovegroverepucci.com

Lowri Davies
www.lowridavies.com

Mark Gane
www.marthanadthemuffins.com

Mayday
www.maydaylivingbrands.com

Meat and Potatoes, Inc.
www.meatoes.com

Merz
www.merz.co.uk

Michael Braley
www.braleydesign.com

Michael Browers
www.michaelbrowers.com

Michael Pinsky
www.michaelpinsky.com

Mini Moderns®
www.minimoderns.com

nextbigthing
www.nextbigthingcreative.com

Nicholas Felton/Megafone
www.mgfn.net

Nicholas Holbrook
nholbrook@blueyonder.co.uk

Nick White
www.thisisnickwhite.com

Old Town
www.old-town.co.uk

Out of the Blue
www.ootb-london.com

Paul Loebach
www.paulloebach.com

**People Will Always
Need Plates**
www.peoplewillalwaysneedplates.co.uk

**Philippe Starck
S+ARCKNetwork**
www.philippe-starck.com

Pieces of You
www.piecesofyou.co.uk

PhotoGenic Images Ltd.
www.photogenicimages.com

productofyourenvironment
www.productofyourenvironment.co.uk

Pulpo
www.pulpo.biz

Ravi Poovaiah
www.idc.iitb.ac.in

**Reich + Petch Design
International**
www.reich-petch.com

Retired Weapons™
www.retired.jp

**Richard Steppic
en Exclusively Washington**
www.richardsteppic.com
www.exclusivelywashington.net

Rimmington Vian
www.rimmingtonvian.co.uk

**Robert Dawson Aesthetic
Sabotage**
www.aestheticsabotage.com

Rollout
www.rollout.ca

Sagmeister
www.sagmeister.com

**Salvartes Estudio de Diseño
y Publicidad**
www.salvartes.com

Seletti
www.seletti.com

Squires & Company
www.squirescompany.com

Studio Printworks
www.studioprintworks.com

The Art of Wallpaper
www.theartofwallpaper.com

**The Decoder Ring
Design Concern**
www.thedecoderring.com

The Polyphonic Spree
www.thepolyphonicspree.com

Tracy Dobbins
debrifield@earthlink.net

Turner Duckworth
www.turnerduckworth.com

UMS Design Studio
www.umsdesign.com

Wendy Earle
keenssoper@btinternet.com

Créditos fotográficos
Por número de imagen

Los primeros símbolos
003 *Fuente: istockphoto.com*
004 *Leo Reynolds*
005 *Fuente: istockphoto.com*
006 *Fuente: istockphoto.com*
008 *Leo Reynolds*
009 *Mark Hampshire*
010 *Fuente: istockphoto.com*
011 *Jannie Armstrong*
012 *Fuente: istockphoto.com*
013 *Fuente: istockphoto.com*
014 *Mark Gane*
015 *Fuente: istockphoto.com*
016-017 *Mark Hampshire*
018-020 *Fuente: istockphoto.com*
021 *Corbis*
022 *Ashley Cameron*
025 *Keith Stephenson*
026, 027 y 029
Leo Reynolds
031 *Mark Hampshire*
033 *Keith Stephenson*

Pertenencia e identidad
040 *Leo Reynolds*
041 *Keith Stephenson*
043 *Leo Reynolds*
044 *Jannie Armstrong*
047 *Leo Reynolds*
048 *Mark Hampshire*
049 *Fuente: istockphoto.com*
051 *Leo Reynolds*
052 *Keith Stephenson*
054-059 *Leo Reynolds*
060-068 *Richard y Olga Davis*
069-071 *Fuente: istockphoto.com*
072 *Mark Hampshire*
076-077 y 081-083
Fuente: istockphoto.com
084, 086 y 088-089 *Fuente: istockphoto.com*
087 *Gerardine Hemingway*
090 *Mark Hampshire*
091 *Ian Rippington*
092-095 *Mark Hampshire*
097 *Keith Stephenson*
099 *Ian Cawood*
100 *Fuente: istockphoto.com*
102-103 *Mark Hampshire*
104 *Keith Stephenson*
105 *Fuente: istockphoto.com*
108 *Leo Reynolds*
109 *Fuente: istockphoto.com*
110 *Richard Steppic*
114-116 *Leo Reynolds*
119 y 123
Mark Hampshire
120-122, 124 y 125-128 *Leo Reynolds*
130 y 132 *Fuente: istockphoto.com*
133 *Leo Reynolds*
134 *Fuente: istockphoto.com*
135 *Richard y Olga Davis*
137 *Keith Stephenson*
146 *Simon Lewin*
147 *Keith Stephenson*
153 *Leo Reynolds*

154 *Derek Roe*
155 y 160 *Jannie Armstrong*
156 *Derek Roe*
157 *Leo Reynolds*
161-169 *Keith Stephenson*
171-172, 177 *Tom Austin*
173-176 *Richard y Olga Davis*
179-181 *Leo Reynolds*
182 *Jannie Armstrong*
183 *Keith Stephenson*
184, 186, 189 *Jannie Armstrong*
185 y 187 *Fuente: istockphoto.com*
191-192 *Mark Hampshire*
193 *NASA*
201 *Mark Hampshire y Keith Stephenson*
202-209 *Leo Reynolds*

Temas y emociones
211 y 221 *Fuente: istockphoto.com*
212 *Leo Reynolds*
213 *Keith Stephenson*
214 *Mark Hampshire*
215 *Fuente: istockphoto.com*
218-220 *Keith Stephenson*
225-228 *Leo Reynolds*
230 *Keith Stephenson*
232, 234 y 235 *Leo Reynolds*
236 *Mark Hampshire*
238 *Fuente: istockphoto.com*
249-252 *Mark Hampshire*
255 *Jannie Armstrong*
256-258 *Leo Reynolds*
259 *Keith Stephenson*
262 *Leo Reynolds*
263 *Fuente: istockphoto.com*
264 *Leo Reynolds*
265 *Mark Laforet*
267 *Jennifer Remias*
268, 269, 270, 272 y 273
Leo Reynolds
271 *Mark Hampshire*
274-277 y 282 *Keith Stephenson*
286 *Christi Carlton*
300 y 301 *Keith Stephenson*
302-305 *Leo Reynolds*
310-314 *Mark Hampshire*
316-318 *Leo Reynolds*

320-322 *Mark Hampshire*
323 y 325 *Jannie Armstrong*
324 *Leo Reynolds*
327-330 *Jennifer Remias*
338-340 y 345
Richard y Olga Davis
341 y 343 *Jennifer Remias*
342 *Leo Reynolds*
347 *Jon Warren*
348 *Leo Reynolds*
349 *Keith Stephenson*
361 y 362 *Leo Reynolds*
363 *Keith Stephenson*
364 *Mark Hampshire*
365-378 *Keith Stephenson*
383 y 386 *Leo Reynolds*
384, 385 y 387 *Keith Stephenson*
389 *Andy Curry*
392, 394, 395 y 396-398
Jennifer Remias
406 *Keith Stephenson*
411 *Richard y Olga Davis*
414-419 *Mark Hampshire*
420-422, 424-426 *Leo Reynolds*
434 y 436 *Keith Stephenson*
435 y 440 *Leo Reynolds*
437, 439, 441 y 442 *Fuente: istockphoto.com*
438 *Mécia Bento*
444 y 449 *Keith Stephenson*
445, 448 y 451-453 *Leo Reynolds*
450 *Hilde Bakering*
454 *Jennifer Remias*
461 *Mark Hampshire*
467, 468 y 469 *Leo Reynolds*
471-474, 476, 479 y 480
Leo Reynolds
478 *Keith Stephenson*
486 *Mark Hampshire*
488, 489 y 490 *Keith Stephenson*
496, 498, 499, 501 y 502
Mark Hampshire
504 *Keith Stephenson*
505 *Doerte Fitschen-Rath*
511 y 512 *Keith Stephenson y Mark Hampshire*

Agradecimientos

Ante todo, muchas gracias al equipo de RotoVision, sobre todo a Jane Roe, Tony Seddon y April Sankey. En nombre de nuestro equipo queremos darle las gracias a Spike por haber conseguido cuadrar todo una vez más.

Un agradecimiento especial a Lance Wyman por haber escrito el prólogo de este libro, por aportarnos creaciones extraordinarias de su ilustre carrera y por su constante apoyo durante todo el proceso editorial.

Como siempre, hemos recibido aportaciones del mundo del diseño que han resultado enormemente valiosas, y por ellas hay que dar las gracias (el orden es casual) a: Conrad Lambert, Nick White, Ben Newman, Michael Pinsky, Michael Braley, Turner Duckworth, Ruth (Exclusively Washington), Todd Gallopo, Anita (Rollout), Melissa (Studio Printworks), John Homs, Anna Lewis, CIRIC y Wendy Earle.

Hemos tenido la fortuna de contar con las imágenes de algunos fotógrafos fabulosos, muchos de ellos de flickr.com. Le damos las gracias especialmente a Leo Reynolds, quien nos permitió nutrirnos de su fascinante archivo, y también a Jennifer Remias y Jannie Armstrong por sus fantásticas imágenes, sin las cuales algunos motivos no habrían podido figurar en este libro.